W0010719

ABSOLUMENT
DÉ-BOR-DÉE !

Zoé Shepard

ABSOLUMENT DÉ-BOR-DÉE !

ou le paradoxe du fonctionnaire

Albin Michel

TEXTE INTÉGRAL

ISBN 978-2-7578-2258-6
(ISBN 978-2-226-20602-2, 1re publication)

© Éditions Albin Michel, 2010

La fonction publique française se divise en trois branches distinctes : la fonction publique d'État, la fonction publique territoriale et la fonction publique hospitalière, soit un peu plus de cinq millions de personnes.

La fonction publique territoriale, qui regroupe l'ensemble des emplois des collectivités territoriales, de leurs groupements et de leurs établissements publics, a été créée en 1984 et compte plus d'un million et demi d'agents.

Dont moi.

Avant-propos

Passer les concours de la haute fonction publique nécessite une préparation proche de celle requise pour qui veut conquérir Las Vegas en remportant le jackpot.

Tout est question de bluff.

Au poker, apprendre à compter les cartes accroît la possibilité de dominer ses adversaires. Aux concours, réussir à faire des impasses judicieuses permet de gagner suffisamment de places pour faire partie des reçus. Dans les deux cas, tout est une question de maîtrise des probabilités.

Les écrits sont d'un ennui à périr. Le tout est de réussir à glisser dans un joli paquet cadeau stylistique les idées à la mode, les indignations en vogue et les théories des Intellectuels d'hier et d'aujourd'hui.

Pour prétendre à l'admissibilité, rien ne vaut la cooptation.

Cooptation en live lorsque le candidat est admissible et doit affronter le second round de la sélection : les oraux et, parmi eux, l'épreuve reine qui décidera s'il est apte à rejoindre le club très privé des hauts fonctionnaires, le grand Oral.

Le grand O est un peu comme un premier rendez-vous. L'objectif : se montrer sous son meilleur jour et prouver qu'on a des valeurs et des intérêts communs.

Un *blind date* de trois quarts d'heure avec neuf personnes, où vous êtes engoncée dans un tailleur qui vous fait ressembler à une gamine de cinq ans ayant piqué les fringues de sa mère. Pour faire illusion en partant avec un tel handicap, le candidat n'a pas le choix : il se doit de mentir.

Les quelques semaines entre les résultats d'admissibilité et le grand O passent vite – Einstein avait raison, c'est très relatif, le temps, finalement – et j'ai l'impression de ne pas avoir bouclé le quart du programme lorsque j'arrive devant le centre d'examen. J'entre dans le hall et me retrouve dans la quatrième dimension.

Un univers parallèle peuplé d'anti-moi.

Au lieu du parterre de candidats stressés compulsant frénétiquement leurs cours de finances publiques ou leurs vade-mecum de culture gé sur lequel je comptais légitimement tomber, j'aperçois un groupe d'étudiants assis sur des fauteuils, buvant du café tout en parcourant le journal d'un air dégagé.

Un aréopage de bouddhas en costards.

Une publicité pour Lexomil.

L'un d'eux se mettrait à léviter que je ne serais pas étonnée.

Avant que je n'aie le temps de leur demander comment ils font pour être zen à ce point-là, un huissier m'appelle pour tirer un sujet.

Les trente premières secondes sont atroces. Je ne sais plus rien. Je ne sais plus lire. Pourtant, je dois choisir de traiter le sujet ou le texte.

J'évite le texte sur « L'évolution du nombre de bureaux de poste en France », thème ô combien passionnant, et choisis le sujet « Les scientifiques vont-ils amener à la destruction du monde ? ».

Il se produit une sorte de miracle. Les heures passées à ingurgiter de la bouillie culturelle se révèlent ne pas être totalement vaines. J'ai des idées et des exemples.

Vingt minutes plus tard, la tête vide et mes feuilles de brouillon noircies, j'entre dans l'arène.

Face à moi, neuf sages, costumés-cravatés, discutent.

Derrière le minuscule pupitre d'écolier et la chaise sur laquelle je suis censée m'asseoir, une armée de spectateurs attend, avide de voir exactement ce qu'il ne faut pas faire.

Que je sois décomposée les rassure nettement.

Ma confiance en l'humanité toute ragaillardie, j'avance d'un pas incertain vers le pupitre et d'une voix très similaire à celle que j'utilisais en CP pour demander à la maîtresse de répéter le dernier mot de la dictée, je me lance : « Bonjour monsieur le président, bonjour mesdames et messieurs les membres du jury. »

Neuf paires d'yeux inquisiteurs se posent sur moi et le propriétaire des moins avenants d'entre eux, le président du jury, prend la parole :

– Mademoiselle, nous vous écoutons.

Je démarre mon exposé. Les dix premières minutes se passent relativement sans encombre : dévider un exposé en deux parties/deux sous-parties est un exercice auquel tout candidat est généralement rompu. C'est lorsqu'il conclut ledit exposé que les ennuis commencent.

– Vous avez donc choisi le sujet, fait remarquer le président du jury, visiblement doué d'une capacité de déduction particulièrement développée.

Dois-je louer ses remarquables qualités de raisonnement ? Dans un souci de diplomatie, je me contente de hocher la tête.

– Pourquoi ? continue Einstein.

11

Un texte sur la disparition des bureaux de poste dans les campagnes françaises ? Sérieusement ? Jean-Pierre Pernaut avait-il pris possession de votre esprit au moment du choix des sujets ?!

L'objectif étant de réussir ce maudit oral coefficienté 6, je décide délibérément de lui cacher ma crise d'illettrisme provisoire et improvise le premier mensonge de ce qui va se révéler une longue série :

– Le thème du sujet m'intéressait plus et le texte amenait des questions sur la réforme de la Poste que je ne maîtrise pas.

La réaction ne se fait pas attendre. Un éclat de rire gras parcourt les membres du jury.

Réaction à la fois désolante – ils ont décidément un sens de l'humour lamentable –, mais réconfortante – cooptation, blagues vaseuses, tapinage intellectuel : je peux peut-être m'en sortir.

– Vous travaillez dans une collectivité qui accorde des subventions à des travaux de recherche. Que faites-vous pour vérifier que vos crédits sont utilisés à bon escient ?

Je décide de frapper un grand coup et d'accumuler les mots magiques dont les jurys de concours sont si friands :

– Je pense qu'il faut établir un *groupe de travail* intégrant un *comité d'experts* et se réunissant à dates fixes pour des *évaluations* ponctuelles. Il faut d'abord définir une *grille d'indicateurs* visant à mesurer des *objectifs* qui auront été posés par l'organisme de recherche et approuvés par le groupe de travail. Il faut bâtir des *tableaux de bord* simples et efficaces pour *monitorer* l'avancée des travaux de recherche. Je crois en *la culture de résultats et non de moyens*.

Ébahissement de l'auditoire. Même la grenouille de bénitier de gauche semble conquise. Quant au président du jury, il réprime à grand-peine un gémissement de plaisir. Début d'orgasme, sans doute. Le grabataire à sa droite hoche la tête comme un possédé.

Avant que je n'aie le temps de me poser la question de mon intégrité pendant cet oral, le membre du jury « good cop » – pas de cravate, c'est forcément le pseudo-gentil du jury – pose LA question.

– Pourquoi vouloir intégrer la haute fonction publique territoriale ?

L'avantage de LA question bateau est qu'elle est inévitablement posée par tous les jurys de concours blancs. Par conséquent, j'ai un mensonge parfaitement plausible à leur proposer.

– Je pense que nous sommes à un tournant de la grande aventure des collectivités territoriales. Les réformes de 2004 nous le montrent, du reste. Je veux travailler sur ce formidable terrain que sont les collectivités territoriales.

D'une voix limite cassée par l'émotion, je rajoute :

– C'est un challenge de tous les jours tellement passionnant. Comment ne pas vouloir relever un tel défi ?

Aujourd'hui, lorsque j'y repense, je me demande comment j'ai pu garder mon sérieux.

Le « good cop » opine avec enthousiasme :

– Vous prêchez un convaincu !

– Quel est l'objectif qui vous tient le plus à cœur ? enchaîne un autre au physique et à la personnalité tellement charismatiques que je ne l'avais pas remarqué.

En réalité, ce sont les premiers travestissements de la vérité qui demandent le plus d'efforts. Ensuite, on entre dans une sorte de spirale mythomane et les mensonges s'enchaînent avec un naturel assez perturbant rétrospectivement.

– Comme je suis particulièrement intéressée par tout ce qui a trait aux finances publiques, je souhaiterais avoir la possibilité de travailler à l'adaptation de la LOLF[1] aux collectivités territoriales.

– Quel est le type de carrière que vous admirez ?

Me doutant que la véritable réponse – le duo Jaoui/Bacri – n'est pas de nature à me faire gagner des points, je leur cite LA star de la haute fonction publique territoriale.

– La carrière de Jean-Luc Bœuf est particulièrement impressionnante : DGS de région à son âge ! Et quelle qualité d'écriture ! Je lis, que dis-je, je *dévore* absolument *tous* ses articles sur l'évolution des finances des collectivités locales publiés dans *La Gazette des communes*. Je pense qu'il est notre modèle à tous.

Le président du jury a les yeux humides d'émerveillement.

– Et les réformes de la Poste, alors ? interroge la grenouille de bénitier avant de se carrer dans sa chaise et d'attendre ma réponse avec l'air bêtement satisfait d'un moniteur d'auto-école guidant un élève trop sûr de lui vers la collision fatale.

La fiche survolée il y a quelques jours flashe devant mes yeux. Seulement les gros titres, mais ça devrait suffire à lui boucler son clapet.

– Vous voulez une chronologie des réformes depuis l'émission du premier timbre-poste français, le Ceres 20 centimes noir, en 1849, ou uniquement à partir de 1900 ?

Tassement de l'adversaire qui semble à deux doigts de vomir la moitié de la tranche de cake qu'elle a dû

1. Loi organique relative aux lois de finances.

ingurgiter avant mon entrée dans l'arène, comme en témoignent les miettes qui jonchent sa table.

– Vous avez l'air de bien maîtriser le sujet, vous aviez dit que ce n'était pas le cas ! éructe-t-elle, outrée.

Je lui assène le coup de grâce.

– Pas autant que je le souhaiterais. Je ne me souviens plus en quel alliage exact est la Mougeotte.

– Quel est votre plus gros défaut ?

S'il y a bien une question qui incite le candidat à mentir de manière éhontée, c'est à coup sûr celle du plus gros défaut. Je sais encore faire la différence entre une salle d'examen et le cabinet d'un psy.

– Je suis très perfectionniste et j'attends des personnes avec lesquelles je travaille une rigueur équivalente. J'ai conscience que cela peut engendrer une certaine tension au sein d'un groupe, mais je travaille à régler ce problème.

– Comment ?

– J'assiste à des groupes de travail et étudie de près les méthodes de ceux qui sont, au regard de leur équipe, de bons managers. Leur façon de procéder, la progression de leur projet, tout cela m'intéresse énormément.

Le président se tourne vers ses confrères et hoche la tête d'un air satisfait.

– Très bien, mademoiselle, c'était la dernière question.

– Au revoir mesdames, au revoir messieurs.

Voilà comment une candidate qui, certes, physiquement, me ressemblait vaguement mais qui était mon antithèse intellectuelle, a écopé d'une note qui lui permettait d'intégrer à coup sûr la haute fonction publique territoriale.

Et où cela m'a-t-il menée ?

Là.

Octobre

Welcome to my life

Like the philosopher Jagger once said,
« You can't always get what you want ».

Gregory House,
House MD

Lundi 16 octobre 2006

8 h 59

Il y a certaines personnes qui sont capables de se lever à la première sonnerie du réveil, de filer sous la douche pendant que l'eau de leur thé vert biologique-équitable chauffe et d'enfiler des vêtements parfaitement repassés avant d'aller prendre le petit déjeuner nutritionnellement idéal recommandé par les publicités télé et les diététiciens. Après avoir lavé et soigneusement rangé la vaisselle, ces personnes attrapent leur manteau et leur attaché-case, et s'en vont d'un pas joyeux et dynamique au travail.

Et il y a moi. Qui me rendors toujours après avoir éteint la sonnerie, me lève à l'heure où je devrais déjà être installée à mon bureau prête à démarrer ma journée de labeur, attrape les vêtements de la veille à l'endroit où je les ai laissés avant de me coucher, soit en tas près du lit, et dévale les escaliers en enfilant mon manteau et en me promettant que ce soir, je me coucherai plus tôt.

Promesse que je ne tiens évidemment pas et qui me vaut tous les matins de finir les cinq cents derniers mètres me séparant du bâtiment dans lequel je travaille dans un sprint de plus en plus laborieux. Aujourd'hui ne déroge pas à la règle et c'est cassée en deux par un point de côté, le teint fuchsia, le jean encore plus froissé que lorsque je l'ai enfilé vingt minutes auparavant, que j'arrive devant l'entrée principale de la mairie où j'occupe depuis six mois le poste de chargée de mission auprès du directeur général des Affaires Internationales et Européennes, titre abscons qui pourrait être trivialement résumé en « chargée de mission poubelle de l'AIE, service fourre-tout ».

Une appellation sans doute moins porteuse que celle inscrite sur ma carte de visite, mais nettement plus révélatrice de ce que je fais depuis que je suis dans le service.

9 h 25

Tout espoir d'entrée discrète s'évanouit lorsque j'aperçois, bloquant l'entrée, l'insupportable directrice des Affaires internationales, Clothilde Richard. Plus connue sous le nom de « l'Intrigante », elle planque son ambition démesurée sous l'étendard du service public et n'hésite pas à répéter à l'envi que son poste n'est qu'un tremplin vers la fantastique carrière diplomatique qu'elle compte avoir à moyen terme. Depuis huit ans, elle prépare, avec un succès très relatif, son départ vers un monde meilleur. Tandis qu'elle parle avec animation, Coralie, l'assistante du directeur de l'AIE, la regarde avec l'air béat de l'aide-soignante qui couche avec le neurochirurgien. Au moment où je songe à fourrer mon manteau dans mon sac et prétendre que je viens juste de rentrer d'une réunion à un étage différent, Coralie m'annonce :

— J'ai posé les deux derniers budgets sur ton bureau. Je t'ai mis un post-it avec les consignes du Boss… comme il a dû partir pour sa réunion de neuf heures et que tu n'étais toujours pas là…, annonce-t-elle ponctuant sa phrase d'un regard lourd de sous-entendus.

Toujours.

Coralie « Coconne » Montaigne, trou noir cérébral et véritable concierge du service. Reliée à la machine à café comme un insuffisant rénal à sa dialyse, elle passe les trois quarts de son temps face à la porte d'entrée, le quart restant étant logiquement passé aux toilettes, pour la raison invoquée précédemment.

Chaque jour, elle se lève avec une mission : repousser les limites de la bêtise. Mission qu'elle accomplit avec un talent qui force l'admiration.

N'est pas Coconne qui veut.

Outre une faculté peu commune à faxer systématiquement les lettres à l'envers et à photocopier les documents en laissant le post-it « à reprographier, urgent ! » sur le verre du copieur, Coconne ne perd jamais une occasion de dénoncer les retardataires à son Boss. Et avec moi, elle a décidément matière à dénoncer.

9 h 36

J'arrive dans le bureau que je partage avec Monique, l'une des chargées de mission de l'Intrigante. Une des clés de la réussite dans ce service est de donner une impression d'intense activité. À peine arrivée, je retourne mon sac et en étale consciencieusement le contenu sur le bureau : programme national de réforme français, pavé de gestion financière des collectivités locales, rapports législatifs, clé USB, agenda, bloc-notes et deux épaisses chemises cartonnées dont j'ignore le contenu. Il n'y a bientôt plus un centimètre carré de libre. Je suis officiellement prête à faire semblant de travailler.

J'ai longtemps cru que mon gène de la paresse était récessif. Puis j'ai intégré la fonction publique territoriale et ai constaté que dans un environnement favorable, il pouvait pleinement s'exprimer, même après avoir été en latence durant mes années d'études passées à ne pas apprendre grand-chose sinon à être sélectionnée. Sélection qui s'avère être une véritable anti-bande-annonce de ce qui sera demandé à l'heureux lauréat lorsqu'il atterrira dans une collectivité territoriale. Les efforts requis pour intégrer l'école sont inversement proportionnels à ceux qu'il doit – ou ne doit pas – déployer une fois en poste.

Comme Coconne me l'avait promis, je trouve un énorme dossier estampillé d'un post-it sur lequel elle a sobrement indiqué : « Faire des camemberts. » J'ouvre le dossier et récupère les deux tableaux récapitulatifs des années précédentes.

« Faire des camemberts », en coconnien, signifie présenter une poignée de graphiques secteurs Excel pour comparer l'évolution des différents postes budgétaires du service sur deux ans, ce qui devrait me prendre une vingtaine de minutes et m'assurer la reconnaissance éternelle du très impressionnable directeur général de l'AIE, Bertrand Dupuy-Camet, incapable de trouver le programme pour additionner deux et deux sur son ordinateur.

Si l'on y ajoute les quatre rapports parlementaires que je dois synthétiser et les deux réunions auxquelles je dois faire acte de présence, j'évalue mon travail de la semaine à huit heures.

Soit une grosse semaine de travail dans ce monde professionnel pour le moins déroutant.

La première fois, ça m'a semblé tellement ahurissant que j'ai eu envie d'en rire.

Les cinq premières minutes.

Avoir fait autant d'études pour ça me semblait fou.

Huit ans dont deux d'esclavage en prépa, deux à Sciences Po et dix-huit mois à l'ETA.

Pas l'organisation terroriste basque, mais l'École Territoriale d'Administration, formant les administrateurs territoriaux.

Huit ans pour ça.

Ça, c'était une cinquantaine de pages de documents que The Boss avait déposées sur mon bureau le jour de mon arrivée avec un air gêné :

– Pourriez-vous me faire une synthèse de ce dossier relatif à l'utilisation des fonds européens ? Vous avez la semaine, ça ira ? a-t-il demandé, le visage déformé par l'inquiétude d'être pris pour un esclavagiste.

– C'est une plaisanterie ? ai-je demandé, incrédule.

– Je sais, a-t-il rajouté, c'est… comment dire ?…

… ahurissant de penser qu'il me faudra cinq jours de travail pour une note que j'aurai fini de rédiger dans deux heures, pause incluse ?

– … Un gros travail. Écoutez, vous pouvez me le rendre en milieu de semaine prochaine si vous n'avez pas fini. Il n'y a aucun problème, a-t-il achevé avant de quitter mon bureau, me laissant pour le moins songeuse.

Une heure et demie plus tard, l'imprimante crachotait ma note et je me demandais vraiment où j'avais atterri.

Aujourd'hui, en me connectant au réseau du service, je sais précisément où j'ai touché terre : un univers absurde où les gens qui en font le moins se déclarent dé-bor-dés et où les 35 heures ne se font pas en une semaine, mais en un mois.

Je sélectionne les chiffres des principaux postes budgétaires, les copie sur une nouvelle page et commence à faire les graphiques demandés.

Une fois les fameux camemberts terminés, je les copie-colle sur une page Word, rajoute quelques titres et commentaires pour expliquer les variations et lance l'impression. C'est ce moment que choisit Paloma, la dernière recrue de l'Intrigante, pour débarquer dans mon bureau.

– Hola ! Cómo estás ? crie-t-elle.

Paloma nous vient directement d'Espagne. Depuis trois mois qu'elle a investi notre service, je me surprends à reconsidérer ma position vis-à-vis de l'Union européenne : la libre circulation des personnes était-elle une si bonne idée, finalement ?

Car Paloma nous a été refourguée par l'administration hispanique sous le fallacieux prétexte qu'un regard extérieur sur nos pratiques serait bénéfique tant pour la France que pour l'Espagne.

Il fallait vraiment être idiot pour gober un argument pareil.

Il était donc évident qu'il allait y avoir au moins un chef de service pour trouver ça « génial et innovant ».

Et ça n'a pas raté.

Se voyant déjà érigée au rang de promotrice d'une Nouvelle Administration dont l'efficacité n'aurait d'égale que son ouverture sur le monde, l'Intrigante a perdu le peu de sens commun qu'il lui restait. Elle s'est imaginée en photo dans tous les livres d'histoire, tenant par la main son homologue hispanique, tel un nouveau couple mitterrando-kohlien au service des collectivités territoriales.

Et elle a dit oui.

Trois jours plus tard, Paloma débarquait dans le service et les Espagnols sablaient le champagne. Enfin ils s'en étaient débarrassés !

Mais pour nous, l'enfer sonore a commencé.

Car Paloma ne parle pas. Elle caquète, glousse, hurle et est incapable de finir une phrase sans la ponctuer d'un éclat de rire que vous trouvez rafraîchissant les deux premières minutes de cohabitation, mais qui vous donne des envies de meurtre au-delà. Et six mois, ça fait beaucoup de minutes.

Beaucoup trop.

Elle s'enthousiasme pour absolument tout. Elle trouve tout génial : la purée grumeleuse de la cantine, la réunion de service, les nouvelles recharges de l'agenda de la collectivité. Et l'équation Paloma contente égale Paloma encore plus bruyante est douloureusement vraie.

Paloma est bilingue. Sur son CV tout du moins. Parce que dans la vie réelle, c'est moins évident. Mes rudiments d'espagnol se limitent aux deux premières leçons de la méthode Assimil, donc pour commander « una tapa de tortilla, por favor », pas de souci, mais pour communiquer avec Jean-Claude Van Damme version hispanique, c'est nettement plus compromis. Mais Paloma n'a pas dû réaliser que je ne parle pas l'espagnol et s'entête à me faire de longues tirades dans la langue de Cervantes et de Penélope Cruz dès qu'elle me croise. Et à mon grand désespoir, dans un service d'une quinzaine de personnes, elle me croise beaucoup trop souvent.

– Monique n'est pas là ? klaxonne cette version sous acide du ravi de la crèche en scannant du regard la pièce de dix mètres carrés.

– Si, elle est dans le meuble, juste là.

– Por qué ? Elle être serrée dedans ? me demande Paloma, faisant preuve une fois encore de son tragique manque de second degré.

Elle me regarde, incrédule, et je jure qu'elle envisage un instant d'aller ouvrir la porte. Juste pour vérifier. Je décide de clarifier.

– Elle a pris sa journée.

Paloma prend une grande inspiration, fronce les sourcils, se mord la lèvre inférieure, le front plissé par un effort surhumain, avant de me regarder d'un air désespéré et de se tordre les mains dans une douloureuse supplication.

Allez, ma grande, crache-la, ta Valda !

Ratatinée derrière mon ordinateur, j'attends la déferlante.

Qui ne tarde pas à arriver.

– Je pourrai pas être à la réunion de service, mais c'est très important que toi tu prennes notes pour moi.

Misère.

La réunion de service.

J'avais totalement oublié.

Les réunions sont l'occupation favorite des fonctionnaires territoriaux, juste devant les Comités de Pilotage et les Groupes de Travail (ne pas oublier les majuscules, qui renforcent l'importance de ces obscurs groupuscules à l'utilité non encore démontrée). Si la réunion se passe vraiment bien, s'ils réussissent à la faire traîner suffisamment longtemps, alors ils pourront s'octroyer le plaisir d'en fixer une deuxième le lendemain afin de

« finaliser » ce qui aurait dû être décidé lors de la première. Avec un peu de chance, ils feront alors le compte-rendu et l'analyse du retard pris lors de la première réunion durant la troisième, la quatrième ou, si vraiment ils vont au fond des choses, durant la cinquième.

Ces réunions n'aboutissent jamais. Étant donné que les fonctionnaires se réunissent juste pour le plaisir incommensurable d'être ensemble et qu'aucun objectif précis n'est jamais défini, elles n'ont de toute façon nullement vocation à aboutir. On parle. Beaucoup. On écoute. Peu. Et surtout on crie, on s'exclame, on s'insurge. Et ça dure des heures. Les réunions donnent l'impression que l'on travaille, et dans un monde professionnel fondé sur l'illusion, c'est largement suffisant.

Lors de mes premiers stages en collectivité, je pensais naïvement que les réunions servaient à prendre des décisions, à trouver des solutions concrètes aux blocages. Il m'a fallu plusieurs mois avant de réaliser que les réunions sont, aux yeux des agents, des prétextes pour se faire mousser auprès de leurs supérieurs hiérarchiques et une occasion en or de ne rien faire pendant ce laps de temps.

La réunion de service donne chaque semaine à chaque directeur et chaque chargé de mission du service l'occasion de se livrer à une sorte de surenchère dans le récapitulatif de leurs actions. S'ils accomplissaient le quart de ce qu'ils racontent, notre service fonctionnerait du tonnerre. Ce qui est loin d'être le cas.

La réunion de service débutant à onze heures tapantes, le service commence à se mouvoir péniblement vers la salle de réunion vers onze heures dix.

Coconne se précipite dehors pour fumer une dernière cigarette, afin de « décompresser », explique-t-elle.

Sachant qu'elle a passé la matinée à patrouiller entre la machine à café, la photocopieuse et, logiquement, les toilettes du service, on est en droit de se demander en quoi elle a besoin de décompresser.

Les deux chefs de service et leur horde de chargées de mission et de secrétaires arrivent un par un dans la salle de réunion.

Puis Bertrand Dupuy-Camet entre à son tour. The Boss est un Français moyen. De taille moyenne, d'intelligence moyenne, sans signe distinctif particulier si ce n'est la panoplie de gadgets qu'il a moissonnés au fur et à mesure de son ascension dans l'organigramme de la collectivité. Son BlackBerry dernier modèle est sans doute la seule preuve tangible de sa qualité de directeur général : dès lors que les réunions deviennent techniques, il prend un air affolé qui révèle que lui aussi se pose la question à laquelle je cherche une réponse depuis mon arrivée : comment a-t-il fait pour en arriver là ?

Contrairement aux autres directeurs généraux de la collectivité, The Boss est incroyablement gentil. Ce qui est une énorme qualité lorsqu'on aspire à être un ami loyal et disponible pour son entourage, mais qui se révèle catastrophique lorsqu'on dirige un service au sein duquel on compte autant de flemmards impénitents que d'ambitieux aux dents longues rêvant d'asseoir leur machiavélique postérieur sur son siège.

À la droite de The Boss, suffisamment près pour pouvoir lui lécher les bottes, l'Intrigante minaude tout en agitant avec élégance ses mains soigneusement manucurées. De l'autre côté, Coconne s'apprête à endosser son rôle de scribe et dégaine son stylo-bille, prête à retranscrire toutes les âneries qui auront été débitées.

Même si cela fait plus de dix jours que la nouvelle stagiaire erre de bureau en bureau, The Boss tient à prendre cinq minutes au début de la réunion pour nous la présenter officiellement. C'est son côté régalien. Il se lance dans la description des fonctions de chacun : deux services dirigés respectivement par Pierre-Gilles Dugain et Clothide Richard, puis les chargés de mission et leurs assistantes respectives (savoir qui est l'assistante de quel service est une question à laquelle j'ai depuis longtemps cessé de chercher une réponse). The Boss finit par son staff perso : son secrétariat composé de Michelle et de Coconne, et sa chargée de mission « transversale » – qui récupère tous les dossiers pourris dont personne ne veut –, c'est-à-dire moi. La stagiaire hoche la tête tout en prenant compulsivement des notes qu'elle ne relira jamais.

Un rapide coup d'œil à son CV m'apprend qu'elle est titulaire d'une licence d'histoire de l'art. Elle est probablement la fille de l'un des directeurs de la collectivité. Personne n'obtient un stage long à l'AIE avec un diplôme qui n'a à ce point rien à voir avec ce qu'on est censé y faire.

L'exposé s'achève dans un entremêlement de termes barbares : « projet de service », « objectif à court terme », « indicateurs », « prospective », « inputs », « benchmarking », « management », « engineering ». C'est tellement éloigné de la réalité que je me demande un instant si c'est bien de ce service dont il est question.

The Boss enchaîne logiquement sur la seule chose qui intéresse réellement l'équipe, à savoir les congés de Noël. Si l'Intrigante semble assez indifférente au débat – sa qualité de chef de service fait qu'elle a de toute façon posé les congés qu'elle souhaitait –, la discussion vire rapidement à la foire d'empoigne entre les chargés de mission, jusqu'à ce que Pierre-Gilles prenne les choses en main. Il dégaine son Palm Pilot et commence à répartir les congés et les permanences au sein du pôle Affaires européennes.

Son chargé de mission, Léon, s'interrompt subitement dans sa tâche du moment – dessiner des ronds sur son agenda – et se redresse péniblement. Avec lui, le principe de bienséance du XIXe siècle qui interdit d'« offenser le dos de sa chaise » a visiblement sauté. Léon n'est pas assis mais affalé sur sa chaise, sa main potelée soutenant sa tête. Il marmonne que non, le 24 décembre, il ne peut être au bureau. Il part à l'étranger le 21 et n'en revient que début janvier, donc le 24, on ne peut pas compter sur lui.

Pris d'un sursaut de réalisme, The Boss explique que consacrer la réunion de service à la pose des congés n'est pas franchement une priorité et se tourne vers l'Intrigante qui n'attendait que ça pour se lancer. Elle démarre sur les chapeaux de roues, déclarant à la cantonade qu'elle est « absolument dé-bor-dée ».

S'il est une phrase récurrente dans les couloirs du service, c'est bien « en ce moment, je suis dé-bor-dé ». Débordé ? Par quoi, on est en droit de se le demander, tant les rapports trimestriels d'activité ne laissent nullement présumer d'un quelconque tsunami de dossiers, de multiples avalanches de délibérations à rédiger ou d'une série de submersion des agents sous les notes à boucler.

Tous les trimestres, The Boss compulse ledit rapport et hausse un sourcil circonspect avant de lâcher d'un ton incrédule : « C'est vraiment tout ce qu'on a fait en trois mois ? »

Et encore, en tant que rédactrice officielle des deux rapports d'activité, je dois dire que je mets un point d'honneur à faire un inventaire plus que fouillé de ce qui a été accompli. Le moindre dossier vaguement regardé se métamorphose en « consultation », la plupart des coups de fil reçus sont catalogués « conférences téléphoniques », tandis que la moindre note fait l'objet d'un paragraphe argumenté.

Ce n'est pas de l'exagération, encore moins du mensonge, non.

C'est une utilisation parfaitement maîtrisée de la licence poétique.

Généralement, le soi-disant débordement des agents est inversement proportionnel à la charge de travail qui incombe à l'overbooké. Celui-ci serait bien incapable de détailler clairement les dossiers sous lesquels il est censé crouler. Ni de nommer les dossiers venus d'on ne sait où qui s'empilent sur son bureau, par-dessus le catalogue des Trois Suisses et *Closer*, et qu'il désigne comme preuve de sa surcharge de travail.

L'Intrigante est passée maître dans l'art de se déclarer débordée, clamant à tout va que ce n'est plus possible et poussant le vice jusqu'à revenir – soi-disant – les week-ends. Pas une seule réunion de service ne se déroule sans qu'elle ne joue les pleureuses de Rome auprès de The Boss, suppliant ce dernier d'alléger un peu sa charge de travail pour qu'il lui reste « au moins le dimanche après-midi ».

Les conclusions que The Boss et moi-même tirons d'un tel numéro diffèrent radicalement.

Alors qu'il essuie à la dérobée une larme d'émotion en remerciant sa bonne étoile de posséder dans son service une telle perle, j'ai beaucoup de mal à ne pas éclater de rire. Malheureusement, la raison du plus fort est toujours la meilleure et le cinéma de l'Intrigante fonctionne à merveille.

12 h 35

Depuis son relookage quelque deux mois auparavant, la cantine – qui ressemblait auparavant à un classique réfectoire de lycée – évoque à présent une sorte d'aquarium psychédélique plaqué contre un immense mur vert pelouse et éclairé par des lampes halogènes diffusant une lumière blanche à vous percer les rétines.

L'architecte, qui n'a pas hésité à décrire son œuvre comme un lieu de vie et d'échange, un « nouveau jardin d'Éden aux inspirations hétéroclites » (*sic*), a réussi l'exploit de déplacer le problème des files d'attente : s'il est vrai que nous attendons désormais moins longtemps au self, il n'est pas rare que nous poireautions vingt minutes, plateau dans les mains, avant qu'une table se libère, le brillant décorateur ayant tenu à « casser l'uniformité aliénante de ce lieu de détente et de convivialité » en installant des tables de toutes les formes qui n'ont en commun que le fait de permettre à un minimum de personnes de déjeuner assises en même temps.

Aujourd'hui, coincée entre Coconne et Paloma sur un banc prévu pour deux, je me demande si entasser les quelque sept cents agents qui œuvrent à la mairie dans un espace censé en accueillir moins de quatre cents durant les deux heures de pause-déjeuner est vraiment gage de détente et de convivialité.

Accéder au jardin d'Éden a un prix : cette collectivité œuvrant pour le service public a dilapidé plus d'un million d'euros pour que nous puissions prendre nos repas dans le produit du bad trip d'un fétichiste du gazon shooté aux champignons hallucinogènes.

Si l'attente y est comparable à celle du plus prisé des restaurants parisiens, notre cantine n'en a malheureusement pas la carte. Mais au fur et à mesure que la qualité des repas s'est dégradée, le chef cuisinier a toutefois fait preuve d'une imagination sans borne dans l'appellation des plats.

J'entame sans enthousiasme mon « gratin de rouget pané et sa sauce crevette aux zestes d'agrume » qui ressemble furieusement à un poisson pané Findus recouvert d'un mélange de la sauce servie le vendredi précédent, d'un citron racorni et de jus d'orange reconstitué, et pendant que j'ôte patiemment arêtes et pépins, je réalise que l'Intrigante s'est mise en position King Charles écoutant le son de la cornemuse.

Comment ai-je pu oublier ? Aujourd'hui n'est pas seulement le jour de la réunion de service, mais également le jour de la réunion des directeurs généraux de la collectivité.

Étonnamment, alors que l'endroit s'y prête logiquement nettement moins que les bureaux, nous n'entendons parler ce jour-là que de marchés publics et autres conventions de partenariat, entre deux mastications. Un observateur extérieur serait totalement leurré.

Quels bourreaux de travail, ces fonctionnaires ! Même pendant leurs pauses, ils discutent boulot !

Ce serait une grossière erreur.

Ces pseudo-zélés travailleurs sont en réalité en représentation.

Car le jour de la réunion des directeurs généraux, lorsqu'il n'a pas réussi à se faire régaler dans les plus grands restaurants des environs aux frais de la collectivité, le directeur général des services de la mairie, Grand Chef Sioux, débarque à la cantine.

Il faut alors être prêt à dégainer le « it-sujet » qui, en un passage furtif de plateau, lui fera comprendre l'incroyable atout que vous constituez pour la collectivité, mais surtout pour le Reste du Monde.

Qu'il se sente privilégié non pas de posséder deux canapés, un lecteur de DVD et une télévision à écran plasma dans la garçonnière qu'il appelle son « bureau », mais de vous compter parmi ses troupes. Dans la grande guerre pour l'amélioration du service public à laquelle GCS participe activement – ne serait-ce que par la redevance qu'il fait payer à la collectivité pour sa télé –, vous devez vous imposer comme son soldat favori.

Alors que je tente de faire passer le goût du rouget avec un grand verre de Coca, l'Intrigante est prise d'un violent spasme.

– Le DGS, le DGS, il est là, il est là…, se met-elle à caqueter, le visage déformé par l'excitation à la perspective de pouvoir se mettre en valeur.

– Il est là tous les lundis. Pile le seul jour où vous déjeunez à la cantine. C'est fou comme coïncidence, non ? fais-je remarquer.

– Paloma, pensez-vous que nous devrions développer la coopération avec la Navarre ? Compte tenu du poids de notre industrie automobile, il me semblerait extrêmement judicieux d'établir un diagnostic sur le potentiel économique de cette région. Un peu de benchmarking auprès des autres collectivités ayant développé de tels partenariats avec d'autres communautés autonomes, s'écrie-t-elle, la voix allant crescendo au fur et à mesure de la progression du Grand Chef Sioux vers notre table.

De toute évidence, quelqu'un a surfé sur Wikipédia ce matin…

Mon regard tombe alors sur Paloma qui a une tête à tenter de diviser mentalement 7653 par 345. Lorsque l'Intrigante lui parle, elle répond par un « oh, je vois » conciliant, alors que son regard effaré révèle que non, elle ne voit rien du tout.

– Por qué elle parle de Navarre à moi ? me chuchote-t-elle.

– Porque Navarra es un sujet très porteur qui pourrait la faire mousser aux yeux de ce grand dyslexique devant l'Éternel qui nous sert de DGS, suggéré-je sur le même ton.

– Qué ? Oh, je vois.

— Voilà le topo : l'Intrigante voudrait que le Grand Chef Sioux la remarque. Or, de la même manière que des adolescentes prépubères gloussent à l'approche des garçons pour se faire remarquer, l'Intrigante parle fort de sujets qu'elle pense maîtriser à l'approche du Grand Chef. Elle espère qu'il va la remarquer et la féliciter de son excellent travail.

— Mais su travail est pas excellent du tout, objecte Paloma, dont les connaissances linguistiques ne me paraissent finalement pas si catastrophiques.

— En France, on a une expression assez révélatrice, c'est : « Au pays des aveugles, les borgnes sont rois. » Les borgnes, ce sont les personnes qui n'ont qu'un œil. Cela signifie que l'excellence, surtout ici, est quelque chose de très relatif.

— Oh, je vois.

Et effectivement, comme le reste de la table, Paloma voit l'Intrigante exposer à Grand Chef Sioux sa brillante idée de partenariat, ne s'arrêtant que pour pouffer de rire à la énième blague vaseuse d'un directeur dont l'unique objectif est probablement de pouvoir manger son « gratin de rouget pané et sa sauce crevette aux zestes d'agrume » avant qu'il ne refroidisse.

Jeudi 19 octobre

9 h 12

Je rentre dans mon bureau et m'affale sur ma chaise. J'allume mon ordinateur et tape mon mot de passe. Monique est revenue. Comme à son habitude, elle est en pleine conversation téléphonique et ne semble pas remarquer ma présence.

La toute première vision que j'ai eue de Monique le jour de mon arrivée a été celle d'une paire de fesses conséquente, casée tant bien que mal dans une jupe en tweed : à quatre pattes sur la moquette, Monique était, lorsque The Boss et moi avons débarqué dans le bureau, en train de chercher une prise pour recharger un de ses nombreux téléphones.

Nullement ébranlé par cette vision d'horreur, The Boss m'a tapoté l'épaule comme un vétérinaire préparant un chat à la piqûre et m'a annoncé :

– Voici votre bureau.

Puis, s'adressant à la paire de fesses, il a continué :

– Monique, vous allez désormais partager votre bureau avec Zoé Shepard, ma nouvelle chargée de mission.

La paire de fesses a finalement fini par se relever et Monique s'est présentée :

– Monique, je suis chargée d'une mission. Pas chargée de mission.

Subtile nuance.

Monique n'a pas cru bon de préciser de quelle mission elle était exactement chargée.

Aujourd'hui, après plus de trois mois dans le service, je peux affirmer sans me tromper que la mission de Monique dans la collectivité est de tester le bon fonctionnement de son poste de téléphone.

Car Monique aime téléphoner. À la réflexion, c'est à peu près la seule activité qu'elle pratique.

De manière intensive.

Sans relâche, avec une conscience professionnelle qui force l'admiration, Monique téléphone.

D'un bureau à l'autre, le matin, pour s'échauffer et demander qui va chercher les viennoiseries à la boulangerie. Une tasse de tisane drainante dans une main et un croissant aux amandes dans l'autre, elle coince le téléphone sous son oreille et commence sa journée : appel à sa fille – « oui, je garde les gamins ce soir » –, son fils – « ta sœur me prend pour sa babysitter » –, son mari – « tes enfants se sont ligués contre moi, j'ai vraiment l'impression d'être leur boniche » –, ses copines – « je ne sais pas ce qu'il a, Georges, en ce moment, mais quelle tête de con, je t'envie vraiment d'être veuve, tu ne connais pas ta chance ! ».

Parce que Monique ne dispose pas d'un filtre entre ses pensées et ses paroles.

Monique pense, Monique dit.

Lorsqu'elle ne téléphone pas, Monique parle. De ce qu'elle connaît le mieux, à savoir elle, sa vie, son œuvre. Sans tabous. Avec une prédilection pour le gore médical.

Dix minutes après mon arrivée, elle me racontait avec force détails son accouchement – « il y a plus de trente ans, sans les moyens modernes d'anesthésie, j'ai dérouillé, je peux te dire » –, l'épisiotomie de sa fille – « quand même, la péridurale, quelle invention, je ne me serais pas arrêtée à deux enfants si ça avait existé à mon époque » –, la pose de la sonde gastrique de son frère – « à peu près à ce niveau-là, tiens, regarde, exactement là, tu vois, hein ? ».

Monique est hypocondriaque et Internet nourrit sa névrose. Il lui suffit d'un double clic pour voir s'étaler les symptômes les plus abominables de maladies dont elle ne soupçonnait même pas l'existence jusqu'alors. Symptômes qu'elle présente évidemment dès qu'elle a fermé la page dévoilée par l'oracle Google.

Pour faire part du terrible diagnostic à son entourage, Monique se rue naturellement sur le téléphone.

– Tu ne devineras jamais ce qu'il m'arrive, annonce-t-elle à son interlocutrice en guise de préambule, avant de se lancer dans des détails qui écœureraient les scénaristes les plus aguerris de *Nip/Tuck*.

Aussi bruyante que soit cette cohabitation à trois – Monique, son téléphone et moi –, elle n'est pas désagréable. Contrairement à la plupart des gens du service, Monique ne se donne même pas la peine de se déclarer « dé-bor-dée ». Elle ne fait rien ou pas grand-chose et le dit ouvertement. Son honnêteté la classe donc d'entrée parmi les personnes fréquentables.

Lorsqu'elle ne téléphone pas et a donc les deux mains libres, Monique prépare de savantes décoctions destinées à la guérir de tous les maux dont elle est censée souffrir. Armée de tout ce que la parapharmacie voisine compte de pilules et autres sachets, Monique touille, agite, fait chauffer. Aujourd'hui, le résultat de sa préparation est d'une inquiétante couleur jaunâtre. Elle goûte le breuvage et fait la grimace avant de m'expliquer doctement :

– C'est mon foie. Il est encrassé, mais ça, ça va le retaper en deux temps trois mouvements. Et tu veux savoir le meilleur dans tout ça ? Je crains que mon gros intestin soit bloqué, mais avec ça, en deux heures mon transit repart de manière im-pec-cable ! Qu'est-ce que tu en dis ?

– Pas grand-chose. Aussi surprenant que ce soit, je n'ai pas d'opinion, je l'avoue.

– Ah, les jeunes… De mon temps, nous étions bien plus curieux de la vie, commence-t-elle avant que ce qui promettait d'être l'un des pires pensums de la journée soit fortuitement interrompu par l'arrivée de The Boss qui débarque avec l'air gêné de celui qui va me refiler un dossier poubelle.

Il gratte nerveusement son début de calvitie – « ça, c'est les soucis qu'il a au bureau », a diagnostiqué Coconne qui, par ses âneries quotidiennes, devrait rapidement lui permettre de ressembler à Kojak – et se racle la gorge avant d'annoncer :

– Zoé, le maire souhaite relancer une de nos anciennes coopérations et j'aurais besoin de vous. Le maire a besoin de vous, conclut-il gravement.

Diantre, ce doit vraiment être un dossier casse-gueule si The Boss pousse la flatterie jusqu'à me dire que l'über-élu de la collectivité, qui serait incapable de m'identifier comme agent de sa mairie dans une réunion de cinq personnes, a besoin de moi.

Ses cheveux soigneusement gominés, ses bajoues et sa faculté peu commune à jouer les équilibristes sur la ligne de la légalité sans jamais tomber du mauvais côté ont valu à notre maire son surnom du Parrain.

Don Vito Corleone.

Une version nettement moins sexy du Don.

Sauf que lui n'a pas besoin de marier sa fille en Sicile pour accorder des faveurs à toute la clique de médiocres courtisans qui lui lèchent les bottes à s'en déshydrater à longueur de journée. Toute l'année, c'est népotisme et petits services non-stop.

The Boss a l'air tellement mal à l'aise que je décide d'abréger ses souffrances en demandant :

– Et ce serait quel type de coopération ?

– Une coopération avec la Chine. La ville de Changchun, dans le Jilin, pour être exact.

– La Chine ? Mais pourquoi devrais-je récupérer ce dossier ? L'une des chargées de mission de

Mme Richard, Lin, est chinoise. Elle a vécu en Chine et parle chinois. Ce serait plus logique que ce soit elle qui reprenne le dossier, non ?

– J'ai décidé que Lin serait affectée au dossier « Malte ». Ça cadre mieux avec son profil.

Sans remettre directement en question les compétences de The Boss en matière de management des ressources humaines, je tente un vague :

– Elle ne parle pas anglais, je ne parle pas chinois…

Il balaye mon argument d'un revers de main, penche la tête légèrement de côté et commence à m'expliquer en articulant chaque syllabe distinctement, comme s'il s'adressait à une gamine de quatre ans. Retardée, qui plus est.

– Mais le dossier « Chine » ne nécessite pas de parler chinois. Nous avons un marché public avec une société de traduction. Il va juste falloir rédiger un avenant et vous êtes parfaitement qualifiée pour le faire. Et je ne parle même pas de l'immense plus-value que vous en tirerez en termes d'expérience professionnelle, conclut-il en m'adressant un hochement de tête entendu.

Car The Boss a la faculté peu commune de faire croire à celui à qui il refile un dossier merdique qu'il lui fait une immense faveur et que ce désagrément temporaire n'est rien par rapport à l'immense épanouissement professionnel qu'il en tirera sur le long terme. Qu'en sa qualité de grand visionnaire devant l'Éternel, il peut tout à fait se permettre de vous demander de récurer les chiottes du service à la brosse à dents, car lui seul est capable de voir qu'une telle tâche sera incroyablement instructive et formatrice dans votre parcours. Encore un argument fumeux pompé dans l'un des innombrables magazines et bouquins de management qui s'entassent dans le bureau et regorgent de conseils pseudo-judicieux pour « réussir à convaincre utilement », « tutoyer vos employés sans vous faire déborder » ou « s'imposer d'une seule poignée de main ».

– Il va falloir préparer un dossier pour les élus avec toutes les informations possibles sur la province du Jilin et spécialement la ville de Changchun, continuet-il. Et un dossier technique à destination des chefs d'entreprise que nous comptons inviter le 8 novembre.

– Le 8 novembre ? Dans à peine plus de trois semaines ? À quelle occasion ?

– J'aurais peut-être dû commencer par ça : le maire a invité une délégation de cinquante-huit Chinois du 7 au 9 novembre. Il va falloir que vous prépariez leur accueil, leur hébergement et les visites des sites de la ville qu'ils souhaitent découvrir. Visites touristiques, mais également entreprises spécialisées dans les secteurs du vin et de l'automobile. Et du transport de poissons vivants.

– Transport de poissons vivants ?

– Manifestement, nos amis Chinois veulent nouer des partenariats avec des entreprises françaises spécialisées dans le transport de poissons vivants. Et ils voudraient aussi voir des vaches.

– Voir des vaches ?!

J'essaie de dérouler mentalement mon CV afin de trouver un élément susceptible d'avoir amené The Boss à penser que je suis effectivement qualifiée pour dénicher des entreprises spécialisées dans le transport de poissons frais vivants et un troupeau de vaches, mais ne trouve rien.

– Donc, il faut organiser le dîner officiel du 8, auquel assisteront une trentaine de chefs d'entreprises locales spécialisées dans le vin, l'automobile et le transport de poissons et, évidemment, le maire et tous ses adjoints, finit The Boss dont l'air ennuyé me laisse à penser qu'il ne me dit pas tout.

– Et...

The Boss prend une large inspiration et m'avoue :

– Il faut que vous vous rapprochiez de la direction du Développement économique. Ils ont réalisé un annuaire des acteurs économiques de la ville et du département, mais il n'est pas en libre accès sur l'intranet. Si je le demande directement à la directrice générale, elle ne me le donnera pas. Elle ne vous connaît pas encore, donc vous avez plus de chances. Évitez de préciser que vous travaillez pour moi, conclut-il avant de s'éclipser.

The Boss dispose d'un capital sympathie particulièrement conséquent auprès des services et des élus. Pourtant, s'il est une personne qu'il ne supporte pas et qui le lui rend bien, c'est la directrice générale adjointe en charge du Développement économique, Barbara Lambron, la maîtresse du Don.

L'importance des élus de la collectivité ne se mesure certainement pas aux réalisations qu'ils accomplissent. Ça, ce serait dans un monde parfait où les bons sont habillés de blanc, comme le chantait Jean-Jacques Goldman. Ici, elle se mesure à la capacité de reclassement de leur maîtresse dans l'organigramme de la collectivité.

Il y a quelques années, un conseiller municipal de seconde catégorie a ramené d'un séminaire en Amérique latine une masseuse brésilienne qu'il a déclarée hôtesse d'accueil de la mairie. Fort de son statut de maire, le Don, lui, a directement installé sa maîtresse au sommet de la pyramide hiérarchique comme DGA.

Âgée d'une quarantaine d'années, toute de morgue vêtue, Barbara vient « du privé » où elle occupait les très vagues fonctions de « manager ». Parfaitement au fait de la loi d'airain de la collectivité – les éléments les plus haut placés en font le moins possible –, elle passe son temps en représentation, accompagnée d'une poignée de fidèles vassaux. Anthropologiquement, le fantasme d'un cadre supérieur mâle est de travailler avec une meute de mannequins blonds d'un mètre quatre-vingts portant des minijupes aussi petites que leur QI. Pour une femme, c'est de diriger une armée d'hommes. De fait, à l'exception de sa secrétaire, probablement atteinte du syndrome de Stockholm tant elle supporte les humiliations de sa chef sans jamais broncher, l'équipe de Barbara est exclusivement masculine et formée pour accomplir les quatre volontés de sa directrice.

Travailler avec eux est une véritable plaie. Dénués de tout sens pratique et d'initiative, ils ne prennent aucune décision avant d'en avoir référé à leur tyran, paralysant ainsi l'avancement de la plupart des dossiers. Si l'on ajoute le fait qu'une nuit passée en position horizontale avec le Don suffit à Barbara pour enterrer un dossier qui ne lui plaît pas, je commence à mieux comprendre pourquoi ce nouveau dossier a atterri sur mon bureau.

11 h 00

Après vingt minutes de pianotage frénétique sur la touche bis de mon téléphone, j'arrive enfin à joindre l'assistante martyre de la maîtresse du Don.

44

– Bonjour, je suis Zoé Shepard de l'AIE. Nous recevons dans trois semaines une délégation étrangère et j'aurais besoin de la liste des acteurs de la région impliqués dans le développement économique à l'international, s'il vous plaît.

– Qu'est-ce qui vous fait penser que nous l'avons ? réplique une voix peu amène.

Ça commence bien…

– J'avoue que le nom de votre direction du *Développement économique* m'a donné le premier indice.

– On a juste un annuaire.

– C'est exactement ce dont j'aurais besoin. Pourriez-vous me l'envoyer par mail, s'il vous plaît ?

– Non.

– Heu, puis-je aller le chercher ?

– Non.

– Pourquoi ?

– Parce que Mme Lambron n'est pas là et que je ne sais pas dans quel fichier le trouver. Ça va être ma pause, au revoir.

Très bien, trouvons rapidement un plan B. B, comme bluff. Je tente un :

– Dois-je demander à l'assistante de Monsieur le maire de vous téléphoner après votre pause pour récupérer l'annuaire ?

Le silence à l'autre bout de la ligne m'indique que mon argument a fait mouche. Il est certains mots magiques à la mairie. Dire qu'on prévient le maire de l'inaction de ses services se classe en tête de la liste. Son éventuelle ire face à la paresse de ses services relève de la légende administrative, puisqu'il a lui-même installé la plupart des pires glandeurs de la mairie au sommet de l'organigramme, mais elle semble ébranler sérieusement la secrétaire de Barbara qui se met à bredouiller :

— Je ne peux pas quitter mon poste pour vous l'apporter.

— Pas de problème, je viens le chercher. Je vous remercie de votre aide.

11 h 25

Le téléphone coincé entre l'épaule et l'oreille, je compulse l'annuaire à la recherche de viticulteurs, de constructeurs automobiles et de transporteurs de poissons vivants. Sauf qu'évidemment, il n'y a aucune page « transport de poissons vivants ». Voyons voir… « Pisciculture », pourquoi pas ? Une fois élevés, je présume qu'ils ne laissent pas leurs poissons couler des jours heureux en bassin… « Transport de denrées périssables », ça peut éventuellement fonctionner.

Lorsque j'ai été embauchée à la mairie, j'étais persuadée que j'allais vraiment pouvoir agir, apporter les compétences que j'avais acquises au cours de mes huit années d'études pour pouvoir faire la différence et ainsi permettre au service public de mieux fonctionner.

Je sais, parfois, je suis d'une naïveté effarante.

Depuis les quelque six mois que je suis dans le service, j'ai successivement bricolé des rapports bourrés de chiffres et de mots incompréhensibles très sérieux qui n'ont jamais été lus, bidouillé quelques notes, fait semblant d'écouter dans un nombre incalculable de réunions bidon et joué à plusieurs reprises les agences de voyages en organisant l'accueil de délégations étrangères.

Car lorsque de telles délégations débarquent, il faut oublier tout ce qui a été appris durant ses études et retrouver des réflexes simples : où les loger ? Que leur donner à manger ? Où les trimballer ?

La réalité est en effet douloureusement triviale : nos invités étrangers préféreront toujours regarder la télé affalés sur leur lit dans leur chambre d'hôtel avant d'aller manger du foie gras à une réception officielle, plutôt que de m'écouter disserter sur l'intérêt de la certification des comptes des budgets locaux par les chambres régionales des comptes.

Débat passionnant s'il en est.

Alors que j'écoute *Le Printemps* de Vivaldi à la flûte de Pan en attendant que mon appel soit pris par un opérateur de l'hôtel Mercure, je réalise qu'avoir appris le modèle IS-LM, les subtilités de l'article 6-1 de la Convention européenne des droits de l'homme et les exceptions au principe de séparation de l'ordonnateur et du comptable était peut-être finalement une perte de temps.

Parce que en fait, ce qu'on attend de moi, c'est que je prépare les vacances des autres, en somme. La maîtrise du *Guide du routard* est donc infiniment plus utile que celle du *Code général des collectivités territoriales*.

Une voix joviale me fait sursauter. Encore une adepte du « souriez au téléphone, cela s'entend ! ».

– Bonjour ! Céline, du groupe Hôtel Accor. Que puis-je faire pour vous ?

– Bonjour, je m'appelle Zoé Shepard, je travaille à la mairie et nous recevons du 7 au 9 novembre prochain une délégation de cinquante-huit Chinois que nous souhaiterions loger dans votre hôtel.

– Cinquante-huit chambres, donc ?

– Cinquante-sept chambres et une suite pour le maire de notre ville partenaire. Pour le règlement, pouvez-vous nous faire un devis rapidement, afin que mon directeur l'accepte et que je prépare le dossier ? Comme d'habitude, nous vous paierons par bon de commande, une fois la délégation partie.

– Très bien, répond Céline avec un enthousiasme apparemment inaltérable sans se douter qu'elle ne verra la couleur du règlement qu'une fois que la facture sera passée par les circuits sinueux et redondants de la collectivité, soit dans deux mois au plus tôt. J'aurais besoin des noms exacts de toutes les personnes de la délégation chinoise.

– Je vous ai fait faxer la liste il y a une dizaine de minutes par notre assistante. Vous ne l'avez pas encore reçue ?

– La seule chose qu'on ait reçue de la mairie, c'est cinq feuilles blanches. Sur la première, il y a un carré avec « merci de faxer ce document ! » suivi de notre numéro de fax…

Coconne a encore trouvé le moyen de faxer les pages dans le mauvais sens !

– Probablement un souci au niveau de notre fax. Je vous renvoie la liste immédiatement.

– Je vous remercie, mademoiselle Shepard.

15 h 45

J'arrive à la fin de ma liste d'entrepreneurs sélectionnés et je suis en mesure d'affirmer qu'à moins de deux ans des Jeux olympiques de Pékin, la sinophobie reste de mise. Dès que je prononce le mot « Chinois », je les entends se raidir avant de m'inventer une excuse que je n'aurais même pas osé sortir à mon prof d'EPS de 4e pour sécher son cours et de raccrocher.

– C'est qu'avec toutes ces histoires d'espionnage…, tente d'expliquer un éleveur de vaches laitières.

– Ils souhaitent voir un troupeau de vaches. Il n'y a aucune raison de craindre quoi que ce soit.

– Et s'ils clonent une de mes vaches ?! s'inquiète-t-il.

– Comment voulez-vous qu'ils clonent une de vos vaches ? Voyons, il faut rester réaliste…

– Vous ne connaissez pas les *X-Files* ? La sœur de Mulder a été clonée, insiste-t-il avant de raccrocher hâtivement.

Merci Hollywood !

16 h 15

Je vais voir The Boss dans son bureau et le surprends en pleine partie de Pong sur son ordinateur. Il loupe une balle et soupire, avant de réaliser ma présence. Nullement gêné, il se tourne vers moi :

– Il y a un problème ? demande-t-il, sachant que je ne viens le voir qu'en dernier recours.

– Aucun entrepreneur, ni viticulteur ou éleveur de vaches ne veut recevoir la délégation chinoise.

Il se renfonce dans son fauteuil et commence à se pincer l'arrête du nez avant d'avouer :

– Ah, oui. J'allais vous en parler, je soupçonne la direction de Mme Lambron d'avoir contacté quelques entrepreneurs pour les dissuader de nous recevoir.

Comment The Boss, qui a une foi quasi aveugle en l'être humain, peut-il avoir des soupçons de ce genre ?

Est-ce qu'avant sa partie de Pong, il a regardé le dernier *James Bond* ?

– Qu'est-ce qui vous a amené à penser ça ?

– Je viens d'avoir un coup de téléphone du directeur de la chambre de commerce et d'industrie qui m'a dit que Barbara Lambron lui avait déconseillé de nous permettre d'organiser des rencontres entre nos entrepreneurs et les Chinois, explique-t-il.

Autant pour les capacités de déduction de The Boss.

– Et elle a laissé ça sur mon répondeur, continue-t-il avant d'appuyer sur une touche.

La voix furibarde de la directrice du Développement économique envahit immédiatement la pièce : « Je ne comprends même pas comment vous pouvez autoriser un tel sabotage, éructe la voix de Barbara à peine déformée par le répondeur. Il est évident que vos Chinois sont là pour faire de l'espionnage industriel et vous autorisez le pillage de nos entreprises ! »

The Boss coupe l'assaut hystérique de Barbara et se tourne vers moi :

– Trouvez-moi un troupeau de vaches et un château à leur faire visiter, je m'occupe des entrepreneurs. Le directeur de la CCI est un ex de Barbara. Elle l'a trompé avec le maire. Il est prêt à tout pour la décrédibiliser et me doit un service, conclut-il.

Dal-las, ton univers impitoya-a-ble !

Au moment où je m'apprête à me rendre au rendez-vous fixé par le directeur de la Commande publique pour lui montrer mon projet d'avenant au marché de traduction, mon portable vibre. Un texto dudit directeur : « Pouvez-vous me rejoindre dans le hall devant le panneau des petites annonces de la collectivité ? »

Drôle d'endroit pour une réunion de travail.

Je retrouve le directeur de la Commande publique, Thomas Becker, vêtu d'un de ses innombrables costumes kaki qui lui valent le surnom de Géant Vert, devant le tableau d'affichage de la collectivité. Il le scrute avec une telle intensité que je ne peux m'empêcher de jeter un regard aux petites annonces par-dessus son épaule.

« Cherche pylône EDF de 12 mètres de long ou un échafaudage. »

« Collimateur neuf ! Jamais servi ! »

« Échangerais setter anglais contre fusil éjecteur chambré 70 avec une très belle gerbe. »

Mon esprit tordu s'attendait tellement à autre chose que je me retrouve sans voix. Je toussote et Géant Vert se retourne :

– Mademoiselle Shepard, c'est pour les Chinois, c'est ça ?

– Oui. Désolée de vous déranger, mais c'est assez urgent. C'est au sujet de l'avenant concernant le marché de l'interprétariat. Nous avons besoin de recruter cinq interprètes et le marché passé par la mairie avec la société de traduction n'englobe pas la langue chinoise.

— Savez-vous rédiger un avenant à un marché public de prestation ?

— Oui, mais j'aurais quand même besoin qu'une personne de votre service le valide.

— Ça me semble difficile. Forcément, fin octobre, vous voyez…, me dit-il d'un air entendu.

— Pas vraiment, en fait.

— Vous comprenez bien qu'on ne peut pas lancer le procédé alors que la chasse vient de commencer.

— Je vous demande pardon ?

— Je dirige un service de quarante-deux personnes en temps normal. Le mois suivant l'ouverture de la chasse, il est divisé par cinq.

Géant Vert retourne à sa contemplation :

— Vous ne pratiquez pas, je présume ?

— Pratiquer quoi ? Les petites annonces de la collectivité ?

— La chasse !

— Non.

— Vous ne savez pas ce que vous manquez. Bon, je vais vous le corriger, votre avenant, déclare-t-il avant de s'arracher à regret aux bristols colorés qui tapissent le panneau en liège et de m'emmener dans son bureau.

Nous sortons de l'ascenseur et je constate que Géant Vert ne m'a pas menti : son service est désert.

Afin de s'adonner librement aux délices de la chasse, ses agents ont apparemment soigné les préliminaires : trouver un médecin complaisant susceptible de leur délivrer un arrêt de travail. Les deux seuls fonctionnaires que je retrouve devant la machine à café du service sont manifestement en train de compulser les journaux à l'affût de l'épidémie à la mode dont ils pourraient être les prochaines victimes.

— La grippe, c'est à partir de quand ? Deux gastro en deux semaines, c'est plausible ? demande anxieusement l'un des deux tout en versant une dose de sucre dans son cappuccino.

— Va voir mon toubib, tu lui dis que tu es déprimé, il t'arrête… quinze jours, facile…

— Quinze jours, mais c'est pas assez ! L'année dernière, j'ai fondu en larmes dans le bureau du mien, ça a été radical, il m'a refilé trois boîtes d'anxiolytiques et un mois d'arrêt. Quel dommage qu'il soit à la retraite… quelle saison ça a été…, conclut-il, les yeux brillants de souvenirs.

C'est à se demander s'ils veulent un certificat médical ou carrément se faire interner.

11 h 35

— L'adjoint en charge du Protocole souhaiterait te parler. C'est à propos du dossier « Chine », je te le passe ? s'enquiert Coconne.

— L'adjoint en charge du Protocole ? Ce n'est pas celui aux Affaires internationales qui gère le dossier « Chine » ?

— Non. Le maire préfère que ce soit Fred qui s'occupe de la Chine… comme il est en froid avec Hughes…

Il ne manquait vraiment plus que ça pour parfaire ma journée. Si notre élu de référence, Hugues Roche, ennemi public numéro 1 du Don, est compétent et s'implique dans ses dossiers, tel n'est pas le cas de l'adjoint en charge du Protocole, Fred Mayer, l'un des plus fidèles courtisans du Don. Fred est une espèce de vieux beau, bronzé du 1er janvier au 31 décembre, qui s'est convaincu que puisque je travaille dans sa collectivité, je lui dois allégeance. Évidemment pas une allégeance purement intellectuelle. Sa galanterie et ses manières de gentleman lui ont valu le surnom de Fred-les-mains-baladeuses.

Les conseillers municipaux ont quelques heures de vol : ils sont à peine moins vieux que des sénateurs, c'est dire… Sauf que s'ils ont approximativement l'âge de Paul Newman dans *Le Verdict*, physiquement, ils sont son antithèse.

La plupart d'entre eux se sont pourtant tragiquement autopersuadés que le pseudo-pouvoir qu'ils détiennent les rend irrésistibles aux yeux des femmes. Jeunes, évidemment. Parce que la sexagénaire ménopausée et grisonnante, ils l'ont déjà dans leur lit. Et comme une cour de flagorneurs leur lèche les Weston à longueur de journée, ils finissent forcément par être convaincus de leur puissance. Et donc de leur séduction.

Et malheureusement pour moi, l'élu en charge du Protocole ne déroge pas à la règle.

Pour se singulariser, Fred n'a pas décidé d'être l'Élu qui travaille ses dossiers à fond et pose des questions pertinentes. Comme beaucoup, il s'est convaincu que l'onction du suffrage universel prodiguait un état de grâce apportant discernement et compétence à son bénéficiaire. Par conséquent, reconnaître un besoin de formation, en désacralisant ce pouvoir, contribuerait à le rapetisser en lui enlevant la qualité de démiurge.

Peu disposé à se faire remarquer par son assiduité aux réunions, Fred a opté pour le créneau « je suis un people ».

Sa première inquiétude n'est absolument pas de savoir si un dossier est bouclé. Les points techniques l'ennuient profondément et il ne s'en cache pas. Lui veut savoir qui prendra les photos lors de la conférence, afin de briefer le photographe sur l'angle à adopter pour le mettre en valeur.

Je décroche mon téléphone et prends l'appel :

– Monsieur Mayer ?

– Zhora, commence-t-il. Tu sais que l'on reçoit les Chinois du Jiangsu dans dix jours.

Fred refuse de s'encombrer l'esprit à mémoriser des informations aussi superflues que l'identité des personnes composant les services et nous englobe dans un collectif « mes agents ».

– C'est Zoé et les Chinois du Jilin, en fait, mais oui.

– C'est pas la même chose ?

– Non, ce sont deux provinces différentes. Nous n'avons pas de coopération avec la province du Jiangsu.

– Et c'est où, le Jilin ?

– Au nord-est de la Chine. Chef-lieu Changchun, notre ville partenaire. On y trouve d'importantes ressources forestières et ils sont spécialisés dans la culture du soja et du maïs ainsi que dans l'industrie automo…

– Je vois, je vois, me coupe Fred sans prendre la peine de cacher son ennui. Est-ce que tout est prêt pour la réception du 8 ?

– Évidemment, tout est parfaitement calé.

Léger travestissement de la vérité. Si je me suis assurée personnellement que le traiteur de la mairie est effectivement au courant qu'il doit préparer un dîner pour une centaine de personnes, en évitant de servir à des Chinois habitués à manger de petites bouchées bouillies avec des baguettes, des steaks tartare de deux cent cinquante grammes, j'ai chargé l'une des assistantes de The Boss, Michelle, de gérer l'envoi des invitations.

Michelle porte le service à bout de bras. Dotée d'une rigueur et d'une disponibilité qui forcent l'admiration, elle nous empêche d'envoyer les élus en taule en rectifiant nos erreurs juridiques. The Boss pourrait partir un mois aux Seychelles, personne ne s'en apercevrait. Lorsque Michelle prend deux jours de RTT à la suite, le service est paralysé. Mais comme au lieu de passer ses journées à lécher les bottes des Puissants de la collectivité et faire sa propre publicité, Michelle travaille, elle reste au bas de l'échelle hiérarchique.

11 h 52

Après avoir expédié Fred, je commence à harceler Michelle pour vérifier que les devis retenus ont été envoyés dans les temps et que tout est calé pour la réception.

Michelle me rassure : tout est sous contrôle, tout va bien se passer.

11 h 53

Michelle me rappelle. Finalement, il y a peut-être un micro-problème, maintenant qu'elle y pense. Les cartons d'invitation ne sont pas partis.

– Mais pourquoi ne sont-ils pas partis ?

– Parce que le service du Protocole ne les a pas rédigés, m'explique-t-elle logiquement. Il va falloir aller voir Jeanine, du service du Protocole, au Cabinet.

Le Cabinet d'une collectivité locale est malheureusement trop souvent à l'intelligence et à l'efficacité ce que les prisons afghanes sont aux droits de l'homme, et le nôtre ne fait pas exception. Il est même l'exemple type du Cabinet de province où se bousculent les anciens élus incasables, les « maîtresses de » et les « fils de ».

On peut diviser ces trous noirs cérébraux en trois catégories :

– L'aréopage de « chercheurs » dont la plupart n'ont jamais validé leur thèse. Le monde scientifique a très bien survécu à l'arrêt de leurs poussifs travaux, mais ces ratés ont tout de même trouvé un biais pour sucer les deniers publics en se faisant recruter par le Don ;

– Le clan des « juristes » dont la légende et le CV officiel racontent qu'ils ont effectivement passé cinq ans dans une fac de droit. Dont ils sont sortis avec un bout de DEUG ou, pour les plus brillants d'entre eux, une licence entière, avant d'être charitablement employés dans la mafia latrinesque ;

– La secte des « privatistes ». D'eux, on sait seulement qu'ils viennent « du privé », mais jamais ils ne préciseront s'ils ont travaillé dans une banque ou une entreprise de nettoyage de sanitaires.

Cette mafia décérébrée recèle un nombre conséquent d'alchimistes inversés qui parviennent à transformer les dossiers les plus intéressants en sombres merdes. Ce qui est somme toute logique pour un cabinet.

L'un des membres les plus nocifs du Gang des Chiottards, Jeanine Janson, est la fille naturelle de la Castafiore et de Godzilla. À presque soixante ans, elle a pas mal de kilos en trop, mais la grosse fleur rose ne lui fait de toute évidence pas peur. Surtout lorsqu'elle peut l'assortir de couleurs délicates : vert pelouse de

Wimbledon, rouge terrain de Roland-Garros ou bleu Klein court de l'US Open.

En un mot, le raffinement fait femme.

Jeanine n'est jamais dans son bureau et je la retrouve logiquement au détour d'un couloir en train de discuter avec une de ses collègues.

Le regard noir qu'elle me lance montre que je la dérange clairement.

– C'est quoi le problème ? aboie-t-elle en guise de préambule.

– Bonjour. Il aurait dû y avoir quelque cent cartons d'invitation envoyés en vue du dîner officiel d'accueil de la délégation chinoise… et manifestement il n'y a pas eu.

– C'est vous qui m'avez envoyé le mail pour me dire de les faire ?

Super, elle reconnaît l'avoir reçu. Ce qui m'évite la perspective ô combien pénible de retrouver ledit mail. Finalement, j'ai mal jugé Jeanine. Cette femme extraordinaire à la probité sans faille qui reconnaît que c'est elle qui a fait l'erreur, sans accuser son service, le réseau internet ou la conjonction des planètes…

Je n'ai même pas le temps de me flageller mentalement qu'elle commence.

À hurler.

Et à postillonner.

– Je n'aime pas vos manières, c'est du n'importe-quoi, je rentre à peine de vacances que vous m'envoyez un mail en m'ordonnant de faire des cartons d'invitation, vous me prenez pour qui ?

– La chef de service du Protocole…

– Ça suffit, ne jouez pas sur les mots, je rentre juste de vacances, alors…

Existerait-il dans cette collectivité une loi secrète, selon laquelle, après les vacances, il y aurait une période de transition où l'on ne fiche rien avant de s'y remettre ?

– Donc, si vous êtes rentrée de congé, vous êtes là et pourriez peut-être rédiger et envoyer ces cartons…

– Je n'ai pas le temps de toute façon, c'est comme ça.

Super. Encore une « débordée » dont je vais devoir faire le travail.

– Dites-moi comment faire et je le ferai.

– C'est pas comme ça que ça se passe ici ! Vous savez de quoi j'ai besoin, d'abord ?

D'un exorciste ?

– Jeanine, où en es-tu des cartons d'invitation pour la réception du 8 ? intervient le DGS qui vient de sortir de l'ascenseur.

– Justement…, commence à éructer Jeanine.

– Justement, les cartons doivent partir aujourd'hui au plus tard. Si tu ne les as pas déjà finis, alors tu files au boulot. Tu reviens de trois semaines de congé, tu dois être au top, là ! Je dois les faire viser avant midi par le maire, moi. Allez, au boulot !

Son intervention est tellement providentielle que je pourrais l'embrasser. Jeanine me fusille du regard et part dans son bureau en traînant les pieds.

– Michelle vient de m'appeler et de m'expliquer qu'il y avait un blocage, m'explique-t-il. Il y a autre chose que je pourrais faire, tant que j'y suis ? propose-t-il à ma grande surprise.

Depuis quand Grand Chef Sioux se porte-t-il volontaire pour travailler ?

Je surmonte le choc et décide de me lancer :

– Sauriez-vous où je pourrais trouver un éleveur de vaches susceptible d'accepter de recevoir une soixantaine de Chinois ?

Mercredi 25 octobre

9 h 15

J'arrive dans mon bureau et trouve pas moins de trois messages affolés de mon homologue chinois sur ma boîte vocale. Le premier est incompréhensible, mais j'arrive à saisir le mot « visa » dans le second et « lettre » dans le troisième. J'allume mon ordinateur et me connecte directement à ma boîte mail professionnelle.

De : Li Wang
À : Zoé Shepard

Bonjour,
Nous n'avons toujours pas reçu la lettre d'invitation de votre maire. Or, pour obtenir nos visas et sortir du territoire chinois, nous en avons impérativement besoin.
Vous est-il possible de me la faxer le plus rapidement possible ?

Comment ça ? Pas encore reçu la lettre d'invitation ?! Ça fait plus de dix jours que je l'ai rédigée !

Je me précipite dans le bureau de Coconne. Vide, évidemment. Je fonce à la machine à café où je la retrouve avec Karine en train de discuter des mérites comparés des sauces tartares que l'on trouve au rayon frais.

– Bonjour, Coralie. Savez-vous pourquoi la lettre d'invitation du maire n'a pas encore été faxée aux Chinois ?

– Elle n'est pas encore revenue du Cabinet, m'annonce Coconne.

– Comment ça, elle n'est pas encore revenue du Cabinet ?! Je l'ai mise à la signature il y a plus de dix jours ?!

– Ben, il faut voir avec le Cabinet.

Le Gang des Chiottards. J'aurais dû me douter que le problème venait – une fois de plus – d'eux. Parmi leurs ô combien nombreuses fonctions d'importance, ils sont chargés de faire signer aux élus des notes ou des lettres. En règle générale, des lettres d'apparat sans aucune valeur juridique installées par un système révolutionnant la technique – attachées par deux trombones – dans des parapheurs, sorte de classeurs sans anneaux aux couvertures rougeâtres, vieillottes, censées incarner la solennité du service public.

Parfois, dans un éclair de lucidité, Coconne rajoute un post-it avec « Merci de faire signer <u>toutes</u> les lettres du parapheur... »

Dans le meilleur des cas, le parapheur nous revient signé dix jours après qu'on leur a envoyé. Une fois sur quatre, il est perdu. Nous sommes donc régulièrement abreuvés de mails affolés des divers services et intitulés « Parapheur égaré ! Urgent ».

Et évidemment, ma lettre d'invitation fait apparemment partie des parapheurs égarés.

– Si le Cabinet ne la retrouve pas, il va falloir la refaire, m'indique Coconne. Mais le maire est en déplacement et ne sera pas de retour avant le 30.

Mon portable se met à vibrer et je reconnais l'indicatif téléphonique chinois. Que faire ? L'option A : téléphoner au Cabinet pour entendre la secrétaire brandir mille excuses qui trahissent l'absence totale de regrets – le régulier « il va revenir sous peu », l'incontournable « le maire est débordé en ce moment » et son cortège de litotes, euphémismes, omissions, antiphrases et autres

61

façons de détourner l'ire des services de leur légendaire inefficacité – ne me semble pas la solution la plus productive. Il me faut un plan B immédiatement. Réfléchis, Zoé. En vitesse.

Je coupe mon portable et retourne dans mon bureau au moment où Monique débarque, téléphone portable dans une main, pain aux raisins dans l'autre.

– Ben, dis donc, ça a pas l'air d'aller, diagnostique-t-elle en me voyant pianoter nerveusement sur mon bureau à la recherche d'une idée de génie qui se fait attendre.

– Le Cabinet a paumé le parapheur dans lequel j'avais mis ma lettre d'invitation pour les Chinois. Le maire s'est barré à Katmandou ou au Népal…

– Au Havre, corrige-t-elle, démontrant une fois de plus son absence totale d'envergure imaginative.

– La lettre signée doit être faxée aujourd'hui au plus tard.

– Et où est le problème ?

– Maire pas là égale pas de signature, égale pas de validité de la lettre, égale pas de visas, égale pas de Chinois, égale la merde.

– Imprime donc ta lettre, dit Monique tout en fouillant dans son tiroir. Il faut que je me fasse un peu la main, mais ça devrait revenir.

– Comment ça, vous faire la main ?

– Zoé, la lettre, dépêche-toi de la sortir, me coupe-t-elle avec autorité.

Diantre ! Je ne l'ai jamais vue aussi animée. On dirait une gamine de douze ans avant sa première boum. J'imprime la lettre et la lui tends. Elle prend une large inspiration et un stylo plume, et d'un geste sûr effectue la plus belle imitation de la signature du Don que j'aie jamais vue. J'en reste soufflée.

– Impressionnant ! Merci !

– Tu imagines si un jour j'arrive à mettre la main sur son carnet de chèques…, répond-elle rêveusement.

Finalement, la journée est plutôt bonne : la lettre signée et un éleveur qui accepte de montrer son troupeau de vaches aux Chinois. Il ne reste plus qu'à espérer qu'il ne se lance pas dans un marathon *X-Files*.

Samedi 28 octobre

5 h 15

Combien de temps faut-il pour mourir d'hypothermie ? Cela fait plus d'une demi-heure que j'attends sur un quai glacial que la statue en bronze soit débarquée afin de signer les papiers de dédouanement.

Tout en remontant le col de mon manteau et en serrant mes poings dans mes poches, je me demande comment la petite fille de sept ans qui devait être chauffeuse de montgolfière ou horticultrice, se marier avec Vincent et remporter la super-cagnotte du *Juste Prix* pour meubler la maison que nous devions construire nous-mêmes sur le rond-point de notre ville, se retrouve, vingt ans plus tard, à attendre qu'un improbable cargo débarque une statue en bronze de deux mètres pesant deux cent cinquante kilos.

J'aimerais savoir à quel moment cet imparable plan de vie a dégénéré.

Parce que « dégénéré » est bien le terme : je ne suis jamais passée au *Juste Prix*, habite une rue piétonne et ne conserve de Vincent qu'une carte de Saint-Valentin offerte en sixième. Et je suis devenue haut fonctionnaire territorial.

Rien à voir avec mes projets professionnels initiaux, donc.

Le truc, c'est que j'ai toujours été bonne élève.

Pas réellement par choix. Plutôt par défaut. Je crois qu'il y a deux catégories de filles dans la vie : celles qui sont populaires, entourées d'une cour d'admirateurs, qui dès leur première année de crèche étaient invitées à tous les anniversaires et fêtes possible et seront élues Miss Grabataire de leur maison de retraite, et les autres, douées pour autre chose, le Monopoly, la géométrie spatiale, le macramé… Il est très vite devenu évident que malgré tous mes efforts, je n'arriverais jamais à intégrer la première catégorie.

J'ai appris à lire vers cinq ans et cet apprentissage a annihilé les rares aptitudes à la socialisation que je possédais, sonnant le glas de ma vie en collectivité à laquelle je préférais désormais la fiction. Ne voir les fêtes qu'en photos, ma nullité dans tout ce qui ressemblait de près ou de loin à un sport collectif et le fait que la grande blague de mes professeurs de dessin successifs ait été de faire identifier à une classe entière de collégiens ricanant ma dernière œuvre, m'ont rapidement prouvé qu'être bonne élève était vraiment le seul truc qu'il me restait.

La « bonélèvitude » ne mène pas toujours à la fonction publique, mais la bonélèvitude et la peur pathologique du chômage sont deux facteurs de risque tellement conséquents que je n'ai pu y échapper.

Un impérieux « Mamzelle, c'est vous qui êtes de la mairie pour le dédouanement ? » me tire de mes réflexions. Je m'avance et tends la main à un géant en parka jaune vif qui considère mes Converse d'un air soupçonneux.

Je lui montre ma carte d'identité et commence à signer les papiers qu'il me tend.

– Vous l'emportez de suite ?

– Je suis toute seule, la statue pèse plus de deux cents kilos, aidez-moi à la mettre sur mon dos et je suis partie.

– Vraiment ? Je ne suis pas familier avec…

… le concept d'ironie, de toute évidence.

– Deux manutentionnaires de la mairie viendront la récupérer d'ici quelques heures, je suis juste là pour signer les papiers de dédouanement.

Je finis de remplir les papiers, les lui rends, le remercie et rentre chez moi. Je réenfile mon pyjama, me recouche et me rendors prestement.

Novembre

China Girl

Jusqu'à ce qu'aujourd'hui devienne demain,
on ne saura pas les bienfaits du présent.

Proverbe chinois

L'hôtesse d'Europcar scrute son écran d'ordinateur à la recherche d'une voiture que Fred, actuellement occupé à se nettoyer les ongles avec sa carte de visite, trouvera acceptable :

– Il nous reste un véhicule avec le plein d'essence, m'annonce-t-elle aimablement.

– Quel genre de véhicule ?

– La toute nouvelle Twingo. Extérieur « Étincelle ». Sellerie « Decalog » bleu roy et planche de bord « Harmonie Carbone foncé », m'expose avec enthousiasme celle que son badge identifie comme « Stella à votre service ».

Je prends une large inspiration :

– Stella, la mairie reçoit un maire chinois qui est également l'un des principaux secrétaires du Parti communiste. Quelqu'un d'important. Ce qui signifie qu'on ne peut pas le trimballer dans le taxi de Potiron, l'ami de Oui-Oui. J'ai besoin d'une grosse berline. Noire de préférence et suffisamment grande pour que trois

69

personnes tiennent à l'arrière sans que l'une d'elles soit obligée de voyager sur les genoux d'une autre. Je vous avais envoyé un mail de réservation, mercredi dernier, pour m'assurer qu'il y aurait bien une voiture de disponible…

Stella fronce les sourcils :

– Il ne nous reste plus beaucoup de berlines, explique-t-elle.

– Une suffira. Il faut juste qu'elle soit assez grande et large.

– Je pense avoir précisément ce qu'il te faut…, assure une voix libidineuse derrière moi.

Je me retourne et découvre le chimpanzé en rut qui me sert d'élu me couver d'un regard concupiscent. Je retiens ma réplique assassine et me concentre sur Stella qui finit par me proposer :

– Est-ce qu'une Safrane vous conviendrait ?

– Impeccable.

16 h 30

Au moment où je m'autofélicite d'avoir fini les préparatifs plus de cinq heures avant l'arrivée de la délégation chinoise, Coconne me transmet l'appel affolé d'une éminence grise du Gang des Chiottards.

– Monsieur le maire souhaiterait que vous veniez le plus rapidement possible afin de monter la statue avant l'arrivée de la délégation chinoise.

– Comment ça, « monter la statue » ?

– Vous ne le saviez pas ? La statue est en pièces détachées !

C'est une plaisanterie ? Étant donné ma nullité pour assembler les minuscules éléments en plastique des surprises Kinder, je pense être la personne la moins qualifiée pour monter une statue en bronze de deux cents kilos. Sans compter que pour le coup, le mode d'emploi va forcément être en chinois. Si mode d'emploi il y a.

– Monique, vous êtes douée pour monter des meubles en kit ?

Monique me désigne d'un geste de la tête la colonne de tiroirs bancale qui complète son bureau.

– C'est moi qui l'ai montée, m'indique-t-elle.

– La Tour de Pise, c'est vous qui l'avez montée ? Je pensais qu'elle était cassée d'origine !

– Non, elle était dans sa boîte lorsque je l'ai eue.

Misère !

16 h 45

Au moins, chez Ikea, lorsque j'achète une étagère « Billy », j'ai une idée précise de ce à quoi elle doit ou devrait ressembler une fois montée. Après avoir réussi à ouvrir la caisse, je me retrouve face à une dizaine de boîtes en carton identiques qui ne me donnent aucune indication sur ce que je suis censée assembler : une statue de Mao, un piano à queue ou un tracteur.

Dépitée, je file dans le service chercher de l'aide. Après avoir fait le tour des bureaux logiquement déserts à seize heures trente et appris que chez Pierre-Gilles, c'est sa femme qui monte les meubles et qu'il ne peut, par conséquent, m'être d'aucune aide, je vais timidement frapper à la porte de The Boss qui, trop heureux d'avoir une excuse valable pour abandonner sa paperasse, me suit avec enthousiasme dans le hall de la mairie.

Il retrousse ses manches et m'explique doctement :

– Tout est question d'organisation. D'abord, il faut vider le contenu des boîtes et mettre les vis et les chevilles de côté.

Pendant que je m'exécute, il avise la première boîte d'un air dubitatif.

– Où est le mode d'emploi ?

– Je doute qu'il y en ait un.

– Pas grave, j'ai toujours adoré les maquettes et les Lego, déclare-t-il en commençant à assembler deux pièces de couleurs tellement différentes que je les soupçonne de ne pas du tout devoir être montées ensemble.

– Zoé, passez-moi le tournevis ! réclame-t-il une fois les deux pièces effondrées.

– Quel tournevis ?

– Vous n'avez pas de tournevis sur vous ? demande-t-il, surpris. Un couteau suisse alors ?

Il me prend pour McGyver ou quoi ?

– Désolée, je n'ai ni l'un ni l'autre.

– Allez à la cantine me chercher un couteau pointu, alors !

Je file à la cantine et rapporte le couteau destiné à découper les poulets. The Boss l'examine d'un air de connaisseur.

– Parfait, décrète-t-il avant de commencer à visser ensemble deux pièces qui, par miracle, finissent par s'ajuster impeccablement, déclenchant une salve d'auto-satisfaction TheBossesque.

Les choses commencent à se corser lorsqu'il décide d'assembler ce qui s'apparente au socle de la statue, toujours non identifiée. Il saisit la brique qui lui fait office de marteau et commence à frapper un bout de métal pour qu'il s'insère dans une espèce de tige.

– Faites attention…

The Boss lève les yeux au ciel de me voir si timorée :

– J'ai monté « Bjursta », m'informe-t-il. Et elle mesure plus d'un mètre quatre-vingts. Alors c'est pas cette saleté de statuette qui va me résister, finit-il avant de marteler une nouvelle fois la pièce de métal.

Tiens, The Boss est branché Scandinaves ? Je ne l'aurais jamais cru. Pourquoi se croit-il obligé de me raconter ça, en plus ?

– Vous avez monté qui ?

– Pas qui. Quoi. « Bjursta », une vitrine de chez Ikea. Je l'ai prise en plaqué chêne, développe-t-il. Le brunnoir avec les verres givrés n'était pas terrible, conclut-il en donnant un tour de couteau à une pièce avant de la lâcher précautionneusement et d'annoncer fièrement : Ça tient !

17 h 25

– Putain de bordel de merde de statue à la con ! hurle The Boss avant de serrer son pouce contre lui.

Au lieu de fanfaronner au son de « je l'avais bien dit », je me contente d'annoncer :

– Je vais chercher de la glace à la cantine.

Je reviens avec deux sacs de petits pois surgelés et les lui tends, même si je soupçonne son ego d'être plus blessé que son pouce.

– Lorsque vous avez passé le concours d'administrateur territorial, vous vous attendiez à faire ça ? demande-t-il, alors qu'assis contre le mur du hall nous regardons un bout de la statue toujours non identifiée et bancale, posée sur un socle qui ne l'est pas moins.

– Aller voler un sac de petits pois surgelés à la cantine pour y emballer le pouce de mon supérieur

73

hiérarchique, non, honnêtement, ce n'est pas ce que j'avais en tête lorsque j'ai passé les écrits.

C'est précisément pour éviter d'être jugée sur mes capacités – ou plutôt mon incapacité – manuelles que j'ai fait des études. On ignore ce qu'est véritablement le sentiment d'humiliation avant de se retrouver derrière d'une centaine de gamins en maillot de bain du Club Mickey, avec devant soi les pièces éparses d'un Bibendum en plastique qu'on est censé monter pour le concours Michelin.

– J'y retourne. J'ai vaincu la complexité de « Bergsbo », alors c'est pas cette saloperie de chinetoquerie qui va me résister, déclare The Boss bravement, en posant le sac de petits pois par terre et en saisissant le couteau d'un air inquiétant.

Oserais-je demander ?

– « Bergsbo » ?

– Ma bibliothèque vitrée. Elle fait très bien à côté de « Bjursta ». Je l'ai prise en rouge. Ma femme avait un peu peur que ce soit trop vif, mais finalement, ça égaye bien la pièce, m'explique-t-il avant de s'accroupir pour consolider le socle de la toujours non identifiée statue.

17 h 55

– C'est un dragon ! annonce-t-il avec toute la fierté d'un nouveau papa, pendant que je finis de monter ce que je pensais être un casque de militaire et qui se révèle être une patte.

– Dans ce cas, ne pensez-vous pas que, peut-être, la tête devrait regarder devant plutôt que la queue ?

The Boss me décoche un regard noir et, sans répondre, commence à dévisser la tête du dragon pour la remettre en bonne place.

18 h 37

The Boss achève de monter la statue et se recule pour visualiser son œuvre.

– Il est magnifique ce dragon, déclare-t-il, satisfait.

Je n'hésite pas à le féliciter comme il se doit :

– Bravo, il est effectivement superbe !

The Boss me tend son appareil photo :

– J'ai besoin d'une preuve que la prochaine fois que j'irai acheter un meuble en kit, je n'aurai pas besoin de l'aide de mon crétin de beau-frère pour le monter, m'explique-t-il avant de prendre fièrement la pose à côté du dragon.

Je prends la photo-trophée, regarde par acquit de conscience, dans l'immense boîte en bois s'il ne reste pas un truc à accrocher et y découvre deux vis et une barre en fer. La statue a l'air stable et The Boss est tellement ravi de son œuvre que j'empoche discrètement les deux vis et fourre la barre dans la poche arrière de mon jean en faisant des vœux pieux pour que le dragon ne s'effondre pas.

22 h 30

Accompagnée de Fred, je scrute l'écran des arrivées à l'aéroport. L'avion en provenance de Pékin a déjà une demi-heure de retard et entre deux pianotages frénétiques sur son BlackBerry, mon élu bâille à s'en décrocher la mâchoire avant de demander d'un ton geignard, pour la dixième fois depuis un quart d'heure :

– Mais quand est-ce qu'ils arrivent ?

Et pour la dixième fois, je réponds avec une patience qui m'étonne :

– Bientôt.

Sauf que cette fois, c'est vrai, l'avion vient d'atterrir.

Dix minutes plus tard, un groupe d'Asiatiques s'avance vers nous et commence à nous prendre en photo.

– C'est eux ? me demande Fred à l'oreille.

Non. Soixante Chinois foncent droit sur nous pile au moment où nous recevons une délégation chinoise, mais cela ne peut être qu'une coïncidence.

– Il y a de fortes chances, oui.

Fred s'avance, majestueux.

– Monsieur…, commence-t-il avant de s'interrompre et de me lancer un regard de détresse.

Je souffle discrètement :

– Heng Chuan.

– Monsieur Heng Chuan, maire de…

Je rêve ! C'est un élu ou un poisson rouge, ce type ?

– Changchun.

– De Changchun, reprend Fred. Au nom du maire et de tous ses adjoints, je vous souhaite la bienvenue en France.

Li Wang, interprète de la délégation, s'avance et commence à débiter d'un ton monocorde un flot de paroles incompréhensibles pendant que le maire hoche la tête avec satisfaction, avant de répondre par un long monologue. Au bout d'une minute, il s'interrompt et fait signe à Li.

– Il vous remercie de cette invitation et se réjouit de passer une semaine dans votre belle ville.

– C'est tout ce que vous vous êtes dit pendant tout ce temps ? Hé ben dites donc, c'est pas très synthétique le chinois, la vache ! s'étonne, de manière toujours aussi subtile et appropriée, Fred.

Li hausse un sourcil incrédule. Je voudrais m'évanouir de honte. Au lieu de quoi, je décroche mon plus beau sourire et annonce à l'interprète :

– Nous sommes très heureux de vous accueillir. Un bus est garé à l'entrée de l'aéroport et emmènera la délégation à l'hôtel, pendant que M. Mayer, M. Chuan et nous-mêmes voyagerons dans la berline de notre maire.

23 h 45

Dans le hall de l'hôtel, je distribue les cartes d'accès aux chambres tout en vérifiant les noms de cinquante-huit membres de la délégation.

J'y crois pas.

– Il en manque deux !

– Comment ça, il en manque deux ?! commence à légitimement s'affoler Fred.

– J'ai une liste de cinquante-huit noms, seulement cinquante-six ont récupéré leur clé. Il en manque deux !

– Comment va-t-on faire ? Vous allez arranger ça, non ? me demande-t-il avant de me regarder avec les yeux confiants d'un épagneul.

Je me précipite vers Li Wang et lui tends la liste :

– Savez-vous où sont MM. Wong et Hahn ?

– Ils ne sont pas là ?

– Apparemment, non. Ils n'ont pas récupéré leur clé de chambre. Pouvez-vous essayer de les joindre sur leur portable ?

– Les membres de la délégation n'ont pas de téléphone personnel international, m'explique Li comme si c'était une évidence.

– Parlent-ils français ? S'ils sont restés à l'aéroport, je peux téléphoner pour qu'une annonce soit passée ?

– Non, mais je crois que M. Hahn a des notions de polonais.

– Probablement pas le personnel de l'aéroport.

00 h 10

Coup de fil de l'aéroport.

– Mademoiselle Shepard, deux membres de la délégation chinoise accueillie par la mairie ont manifestement été oubliés à l'aéroport. Que souhaitez-vous que nous fassions ?

Jeudi 22 novembre

10 h 20

J'arrive au point de rendez-vous fixé la veille à la délégation de Chinois afin de les emmener visiter le château et caresser ce troupeau de vaches que j'ai eu tellement de mal à mobiliser, et ne peux que partager le constat de mon élu :

– Je ne comprends pas, nous partons dans dix minutes visiter les caves d'un château, et il n'y a même pas dix personnes, s'exclame Fred, visiblement ébranlé.

Li grimace et avoue, gêné :

– Ils sont allés jouer au casino, explique-t-il en désignant d'un geste de la tête le lieu de perdition où se sont précipités les Chinois dès qu'ils ont provisoirement été libérés de l'emprise du PCC.

– C'est malin, ça, peste Fred. Bon, Zhora, qu'est-ce qu'on va faire ?

– Zoé. Je vais les récupérer. Restez ici et essayez de faire en sorte qu'il n'y en ait pas d'autres qui s'échappent.

J'entre dans le hall du casino lorsqu'un cerbère en complet sombre m'arrête :

– Pièce d'identité, mademoiselle ! L'accès aux salles est interdit aux moins de dix-huit ans.

Pendant que je fouille dans mon sac à la recherche de mon passeport, j'essaie de décider si je dois me réjouir d'avoir l'air d'être encore mineure ou si je dois m'en offusquer. Je lui tends mon passeport qu'il examine avec soin.

– Qu'est-ce que vous faites là à dix heures du matin ? me demande-t-il d'un air soupçonneux.

– Je flambe ! Plus sérieusement, je dois récupérer la quarantaine de Chinois qui se sont échappés dans votre casino, pour leur faire boire du vin et caresser des vaches.

Le vigile grimace avant de claquer des doigts :

– Max, Roland, aidez la demoiselle à récupérer les joueurs asiatiques aux machines à sous !

10 h 45

Grâce à l'efficacité et au look patibulaire des vigiles, une horde de Chinois se précipite vers le bus Échaudée par la mésaventure de la veille, je commence à les compter.

Cinquante-neuf. Un de trop.

Jésus multipliait bien les pains, après tout…

Je monte dans l'autocar et attrape le micro :

– Qui ne fait pas partie de la délégation de Changchun ?

Un quinquagénaire se lève timidement :

– Le vigile m'a demandé de sortir du casino et de monter dans le bus, explique-t-il d'une voix tremblante.

17 h 30

Fred, Li et moi rejoignons The Boss dans le hall de la mairie.

– Les visites se sont bien passées ? demande-t-il anxieusement avant de rajouter : vous n'en avez perdu aucun, cette fois-ci ?

Je décide de passer sous silence la virée non contrôlée au casino et avec tout l'enthousiasme dont je peux faire preuve après une journée passée à jouer les GO pour Chinois, réponds :

– Tout s'est très bien passé. M. Chang a signé un important contrat avec le propriétaire du château que nous avons visité et le maire était ravi.

– Au fait, je voulais vous demander, quand ont eu lieu les élections municipales ? demande Fred, m'ôtant la dernière illusion qu'il ait effectivement lu le dossier préparatoire.

Li me regarde, interloqué, et je réponds :

– Comme vous l'avez très certainement lu dans le dossier que je vous ai préparé, les maires chinois sont l'équivalent de nos préfets et sont en plus secrétaires généraux du Parti de leur ville. Ils ne sont pas élus, mais nommés par le pouvoir central.

The Boss lève les yeux au ciel avant d'annoncer :

– Nous avons rendez-vous avec le maire avant de signer le protocole de coopération. Monsieur Mayer, pourquoi ne montrez-vous pas à nos invités le petit salon où ils pourront prendre un rafraîchissement avant la réception ?

Fred s'éloigne avec Li pendant que j'emboîte le pas à mon directeur et que nous montons dans le bureau du Don.

– C'est la première fois que vous rencontrez le maire dans son bureau ? me demande The Boss.

– Oui.

– Ne vous inquiétez pas, tout va bien se passer, me dit-il d'un ton exagérément rassurant.

Je me retiens de lui dire qu'il y a deux heures, j'ai étrillé une vache de sept cents kilos sous le regard admiratif de cinquante-huit Chinois qui se sont cru obligés d'immortaliser ce grand moment de glamour absolu en me mitraillant avec leur APN japonais, et que ce n'est donc pas le Don qui va m'impressionner. Au lieu de ça, je me contente de hocher la tête.

Nous sortons de l'ascenseur et arrivons dans une pièce immense qui, si elle était divisée en quatre, permettrait de résoudre la majorité des problèmes de suroccupation des bureaux de la collectivité. Au fond de la pièce, assis sur son trône en cuir, derrière un nuage de fumée, le maire sirote un scotch et tire négligemment sur un Montecristo.

À ses côtés, debout et impassibles, ses deux conseillers, fidèles cerbères en costume-cravate, l'entourent, prêts à dégainer glaçons et briquet. L'un d'eux a vraiment une tête à décapiter Khartoum[1]. L'autre abruti de première classe s'est autoproclamé « directeur de communication » du Don, aussi connu dans les services sous le nom de Communicator. La pièce empeste la fumée, la phallocratie et la satisfaction. Je me surprends à frissonner.

The Boss me pousse gentiment vers un siège et me présente au Grand Homme.

– Voici Zoé Shepard, la jeune administratrice territoriale qui s'est occupée du dossier de coopération avec la Chine.

Le Don se hisse vers moi et me tend une main molle.

– Le dossier a l'air de bien marcher, me dit-il en guise de préambule. Les Chinois ont l'air content.

– Ils viennent de signer un important contrat avec la société Pommard.

– Bien. Il faut convoquer la presse pour lui en faire part, indique-t-il à Communicator qui dégaine immédiatement son BlackBerry et quitte la pièce précipitamment.

La presse, évidemment… Cela faisait longtemps que la revue de presse de l'intranet municipal ne s'était enorgueillie d'un article à la gloire du Don…

Ce dernier hoche la tête et m'évalue du regard :

1. Nom du cheval de course dans *Le Parrain* de Francis Ford Coppola.

– Comment cela va-t-il se passer ? me demande-t-il derrière l'épais nuage de fumée qu'il vient de produire.

L'ego du Don étant inversement proportionnel à son QI, il est une méthode infaillible pour lui faire faire ce que l'on veut : toujours lui faire croire que l'idée que l'on souhaite mettre en œuvre vient de lui.

– Vous êtes sur le point de signer un accord amical avec la ville de Changchun, capitale du Jilin. Cet accord n'a aucune valeur juridique, sauf si vous en décidez autrement au prochain conseil municipal. Il permettra, *comme vous en avez fait la demande*, de réactiver notre partenariat avec cette ville de Chine. Nous avons, *selon votre avis*, défini trois axes de coopération. Le premier est, *conformément à votre souhait*, la mise en place ou plutôt la réactivation d'un bureau de représentation à Changchun. Le deuxième est un accord de coopération économique, car même si le développement économique n'est pas une compétence des communes françaises à proprement parler, nous pouvons, *comme vous l'avez fort justement fait remarquer*, mobiliser des PME, notamment en ouvrant un bureau de représentation de notre ville à Changchun. Enfin, le troisième axe est classiquement fondé sur les échanges culturels et éducatifs de nos deux villes, *puisque tout ce qui a trait à l'éducation et à la culture vous intéresse grandement*.

Je vois The Boss lutter pour réfréner un ricanement. Il est de notoriété publique que tout ce qui est vaguement culturel ennuie profondément le Don, qui bâille à s'en décrocher la mâchoire chaque fois qu'il doit assister à l'inauguration d'une exposition et s'enfuit dès le ruban rouge coupé et les photographies officielles prises.

Mon argument fait néanmoins mouche et le Don hoche gravement la tête, immédiatement imité par Cerbère qui n'a pas plus compris que son patron en quoi consiste l'accord que ce dernier s'apprête à signer.

18 h 30

Nous descendons dans l'agora où doit se dérouler la conférence de presse.

Sauf que, si l'intégralité de la délégation chinoise et une poignée d'entrepreneurs locaux sont effectivement présents, je n'aperçois aucune caméra ni journalistes. Fred nous rejoint, l'air inquiet :

– Comment cela se fait-il que la presse ne soit pas là ? me demande-t-il anxieusement, pendant que The Boss se dirige vers Communicator qui, son BlackBerry greffé à l'oreille, semble mal à l'aise.

Lorsqu'il revient vers nous, passablement énervé, The Boss explique brièvement que la conférence de presse va se dérouler sans la presse, parce que Communicator a eu une absence : après avoir entendu le mot « conférence », le mot « presse » lui a échappé.

– De toute façon, décrète-t-il, nous n'aurions pas eu de petits-fours pour tout le monde si la presse était venue.

Tassement de The Boss qui commence à se masser les tempes d'un geste las.

Entouré de la mafia latrinesque, le Don s'avance sans fiche et commence son discours par une série de pirouettes lamentables et de lieux communs dégoulinant de lyrisme que Lapalisse n'aurait pas reniés.

Les deux francophones de la délégation le regardent d'un air de plus en plus atterré, tandis que The Boss et moi secouons la tête d'incrédulité à chaque ânerie débitée. Vu le rythme auquel les bourdes s'enchaînent, le torticolis nous guette.

– Je pense que les communes sont les puissances de demain, insiste le Don. Toutes les compétences de l'État vont leur être transférées, ce n'est qu'une question de temps, explique-t-il dans son ignorance flagrante du droit constitutionnel.

Bien sûr, crétin des Alpes suisses, la Constitution française va être entièrement remaniée juste pour satisfaire ta mégalomanie…

– Compétences *régaliennes*, c'est pas compliqué à retenir comme concept ! peste The Boss.

– Du reste, le système chinois est un peu similaire, il me semble ? demande le Don à la cantonade, pendant qu'alignée en rang d'oignons à ses côtés, l'intégralité du Gang des Chiottards hoche servilement la tête.

Pendant que The Boss commence à hyperventiler et que je visualise la fiche technique que j'ai remise au Cabinet, quinze jours auparavant, exposant les différences entre les deux systèmes administratifs, Li Wang se lance dans de rapides explications. Le Don le regarde d'un air vitreux avant de le faire taire d'un geste de la main et décide d'offrir au chef de la délégation chinoise le cadeau préparé par le service du Protocole.

Il commence à palper l'emballage en grimaçant d'appréhension. Je suis partagée entre l'envie d'éclater de rire et une profonde compassion.

Les fonctionnaires territoriaux issus des concours administratifs ont l'habitude de se définir comme des « généralistes ». En théorie, formés pour tout faire, et en pratique, incapables de faire grand-chose.

Pourtant, à la mairie, nous avons une spécialité.

Il est un domaine où nous pulvérisons tout. Sans EPO ni hormones de croissance, sans amphétamines ni stéroïdes ou anabolisants.

Juste nous et notre génie.

Car nous sommes tellement doués que ça en est indécent.

Lorsqu'il s'agit de l'accueil de délégations étrangères, nous sommes les spécialistes des cadeaux pourris.

Et ce n'est pas une mince affaire : il faut trouver quelque chose d'à la fois esthétiquement abject et suffisamment petit pour que le chef de la délégation, évidemment tombé en pâmoison lors de l'ouverture du napperon en macramé ou de la tapisserie « Biche s'abreuvant dans le courant d'une onde pure par clair de lune », puisse le faire suivre comme bagage à main dans l'avion.

Parce qu'il serait cruel de chercher à le séparer de son cadeau.

Nous ne sommes pas des monstres.

Contrairement aux apparences, l'assiette en faïence, la croûte criarde à accrocher au mur ou le CD des plus belles chansons de nos régions n'ont pas été récupérés au vide-grenier du coin.

Le service du Protocole les a achetés.

Sur le budget de la collectivité.

Des deniers publics.

Amis contribuables, lorsque vous vous lèverez à l'aube pour aller travailler, répétez-vous comme un mantra cette pensée réconfortante : je travaille pour offrir à des délégations étrangères une assiette en faïence représentant un bateau passant sous un pont au coucher du soleil.

Je ne sais pas combien le Protocole dépense pour acheter ces horreurs, mais voir, au fur et à mesure du déballage du cadeau, le visage du Don passer de l'appréhension à la honte la plus totale… ça n'a pas de prix.

Le maire de notre ville partenaire découvre avec des yeux ronds la demi-pinasse en bois verni qui constitue notre généreuse offrande et secoue la tête d'incrédulité.

Je décide d'abréger ses souffrances et m'avance avec l'accord de coopération placé dans un dossier en cuir. Le Don croise mon regard et je crois lire dans ses yeux verts, savamment dissimulé sous une couche d'arrogance et d'autosatisfaction, un soupçon de gratitude.

Les deux maires s'installent devant la statue en bronze et sortent leur stylo. Au même moment, mus par une pulsion japonisante, les cinquante-sept Chinois dégainent leur appareil photo et commencent à mitrailler la scène. Fred manque de défaillir de soulagement :

– Au moins, on aura des photos !

19 h 45

– Mademoiselle, qu'est-ce que je vous sers ?

Je résiste à l'envie de commander une vodka bien tassée. Me saouler lors d'une réception über-guindée où je me sens déjà aussi à l'aise qu'un punk dans une maison de retraite n'est pas l'attitude la plus professionnelle.

– Un Coca light, s'il vous plaît.

Derrière ses bouteilles de vins millésimés, le serveur en smoking se cabre d'indignation.

– Nous ne servons pas ce genre de boisson ici, m'explique-t-il en grimaçant.

– Qu'avez-vous comme boisson sans alcool ?

– Jus de tomate et son sel de céleri, jus d'ananas, sa brochette de fruits confits et son coulis de fraises, ou un nectar d'abricot et son coulis de cerises, peut-être ? demande-t-il, inquiet de me voir grimacer.

– Je prendrai un verre d'eau, s'il vous plaît.

– Je peux vous proposer un Perrier-rondelle.

Alors que je contemple la rondelle de citron qui surnage tant bien que mal dans mon Perrier, je manque de me cogner contre le maire qui est en plein processus de rapatriement des Chinois vers le bar.

– Nous avons un excellent château-lafite-rothschild que nous avons fait venir spécialement du Bordelais, s'enorgueillit le Don tout en indiquant au serveur de préparer des verres.

Les deux éminences du PCC saisissent leur verre avant de décocher un sourire enthousiaste au Don :

– *Ganbei !* s'écrient-ils en vidant cul sec leurs verres devant les yeux affolés du Don qui doit être en train de calculer mentalement le prix de l'unité.

– C'est quoi « *ganbei* » ? me demande Fred à l'oreille.

– Probablement l'équivalent de notre « santé ! » français.

Heng Chuan commence à parler à toute vitesse tandis que Li hoche la tête, avant de se tourner vers le Don et Fred et d'annoncer :

– Afin de célébrer notre belle amitié, M. Chuan souhaiterait trinquer une nouvelle fois avec vous. À la chinoise, il va sans dire.

Au cinquième « ganbei », quatre bouteilles de château-lafite ont été décimées et Fred, qui arbore une inquiétante couleur écarlate, titube légèrement vers le buffet afin, probablement, de trouver quelques petits-fours pour éponger la bouteille de vin qu'il vient de descendre en moins de dix minutes. Le Don plisse les yeux comme s'il sortait d'un mois au mitard.

De mon côté, je contemple mon Perrier-rondelle avec nettement plus de sympathie.

23 h 45

Assis sur des chaises ou par terre pour les plus saouls d'entre eux, les cinquante-huit Chinois cuvent béatement les millésimés qu'ils ont ingurgités.

– C'est une bonne coopération, me lance Li qui tient étonnamment bien l'alcool, comme en témoigne sa capacité à rester debout après un nombre impressionnant de *ganbei* à son actif. Le maire est ravi, conclut-il avant de s'éloigner d'un pas à peine vacillant.

Le maire est ivre mort.

Rectificatif : nos deux maires sont ivres morts.

Donc fort peu à même d'évaluer l'embryon de coopération que nous avons bâti durant ces trois jours.

– La délégation part demain matin à six heures trente de l'hôtel, vous vous chargerez de leur dire au revoir, m'annonce The Boss qui a surgi derrière moi et semble quelque peu barbouillé par le mélange canapés de saumon à l'aneth-macarons au café-vin.

– Je vais demander à M. Mayer s'il souhaite m'accompagner.

– Bonne idée, mais à six heures trente du matin, ne vous faites pas trop d'illusions, conclut The Boss avant de rejoindre l'un des chauffeurs mis à disposition par la mairie pour ses cadres supérieurs imbibés d'alcool.

Je monte dans le bureau de Fred et le retrouve avachi sur son bureau, la tête enfouie dans ses bras.

– Monsieur Mayer ?

Il grimace, relève la tête péniblement et me lance un regard vitreux :

– Jésus…

– Désolée, ce n'est que moi. C'était pour vous demander si demain à six heures trente vous raccompagneriez avec moi la délégation à l'aéroport.

– Je crois pas, non, bafouille-t-il.

À le voir avaler frénétiquement sa salive en fermant les yeux, je ne le crois pas non plus.

Mercredi 15 novembre

14 h 00

De : Coralie Montaigne
À : Zoé Shepard

Une réunion est organisée le 15 novembre à 14 heures dans le bureau de B. D-C.
Participants : Bertrand Dupuy-Camet, Clothilde Richard, Zoé Shepard.

En traînant les pieds, je me rends au bureau de The Boss et y retrouve l'Intrigante, habillée en Burberry de pied en cap, croisant et décroisant la cuisse telle une Sharon Stone de province et pouffant comme il se doit à toutes les tentatives de blagues minables de The Boss.

Au bout d'une demi-heure de palabres, je décide de me lancer en posant LA question interdite.

– Y a-t-il une raison précise pour que nous soyons réunis aujourd'hui ?

… outre le bonheur incommensurable d'être ensemble, évidemment.

– Comme vous avez repris le dossier « Chine » et que l'international relève de ma compétence, nous nous demandions s'il ne serait pas opportun de vous placer sous ma direction, déclare l'Intrigante.

Si The Boss peut faire preuve de motivation et de méthodes parfois discutables, l'Intrigante n'a qu'un seul but dans la vie : se mettre en valeur quoi qu'il arrive et quoi qu'il en coûte.

– Bien évidemment, ajoute-t-elle charitablement, vous pouvez vous recentrer sur la veille juridique et, dans ce cas, vous resteriez la chargée de mission exclusive de Bertrand.

Je pourrais également devenir la secrétaire à plein temps de The Boss et, pourquoi pas, ranger régulièrement le pandémonium qu'il se plaît à appeler « mon bureau ».

– Je tiens à conserver les dossiers que je suis depuis mon arrivée. Ma position au sein de la direction n'a jamais posé problème, donc pourquoi s'interroger sur ma place à présent ?

Fidèle à sa politique du laisser-faire ou du « faites comme si je n'étais pas là, moi les conflits, ça me stresse », The Boss examine soigneusement ses ongles pendant que l'Intrigante secoue la tête et reprend la pose.

– J'ai décidé de repenser ma place au sein de la direction.

– Ah.

– Si vous voulez rester sous la direction exclusive de Bertrand, je ne vois pas d'autre solution que de me permettre de reprendre à mon compte vos notes relatives à tout ce qui a trait à l'international.

Nous y voilà.

– C'est déjà très largement le cas, non ? La plupart de mes notes sont transmises au Cabinet après que mon nom est biffé, donc, techniquement, cela ne change pas grand-chose.

The Boss lève le nez de ses cuticules et échange avec l'Intrigante un regard mi-surpris – ah bon, elle a réalisé ça ? –, mi-condescendant.

– Zoé… enfin !

– Lorsqu'on travaille dans la fonction publique, on ne peut et on ne doit attendre aucune reconnaissance. Seul l'intérêt général compte, voyons, assène-t-elle tout en écarquillant ses yeux lourdement maquillés, telle Elizabeth Taylor à qui l'on aurait demandé de jouer la surprise scandalisée.

L'Intrigante dans toute sa splendeur. L'Intrigante et ses canines qui rayent le parquet, soigneusement dissimulées sous son rouge à lèvres Chanel, faisant l'apologie du renoncement de soi…

Mieux vaut entendre ça que d'être sourd, ça dure moins longtemps.

Je n'ai pas le temps de protester qu'une sonnerie de téléphone nous interrompt. L'improbable héraut du service public s'excuse pendant que The Boss décide officiellement d'aller consulter ses mails, officieusement de finir sa partie de démineur.

Un pouffement se fait immédiatement entendre.

– Oui, Pedro… oui… oui !

Misère !

Me retrouver témoin involontaire de ce qu'il convient d'appeler l'orgasme téléphonique de l'Intrigante ! Exactement ce dont j'avais besoin.

Pedro est le mec de l'Intrigante. Nous le connaissons uniquement par les gloussements d'extase téléphonique qu'il lui procure et par la description archi-flatteuse de sa chère et tendre : « Moi, brillante, ultra-diplômée, issue d'une famille bourgeoise, et Pedro, ouvrier espagnol quasi illettré. »

Pour citer l'inénarrable Coconne, l'Intrigante sort de « la cuisine à Jupiter » et a un peu de mal à convaincre les gens de sa grande vocation sociale. Rapport à sa haine des 35 heures, à son admiration sans borne des éminences du MEDEF qu'elle cite à l'envi et à ses sacs à main coûtant chacun un Smic. Malgré son « je suis résolument de gauche » qu'elle martèle régulièrement tout en tapotant d'un doigt soigneusement manucuré sa montre Hermès, l'Intrigante a donc du mal à convaincre de ses soi-disant orientations politiques.

Ne pouvant se résoudre à abandonner sa panoplie Burberry-Chanel, il lui fallait donc une caution tolérance et ouverture d'esprit.

Les fashionistas l'ont bien compris, c'est l'accessoire qui fait tout.

L'Intrigante se devait d'en avoir un qu'elle puisse brandir comme un trophée, un symbole de tolérance, un emblème qui dirait « je suis de gauche ».

L'Intrigante a donc adopté le « it mec ».

Lorsque le « it bag » dit implicitement « je suis dans le coup », le « it mec » sous-entend « je m'habille en Burberry des pieds à la tête, *mais* je suis drôlement ouverte d'esprit, moi ».

Le « it bag » se doit d'être visible. Vu son prix, il ne manquerait plus que ça. Il doit donc se positionner entre le bling-bling et le trop classique. Le « it mec » doit également multiplier les preuves de son existence. L'Intrigante a rapidement ordonné à Pedro de l'appeler régulièrement, de préférence pendant les nombreuses réunions auxquelles elle se montre. Un coup de fil discrètement passé dans l'intimité de son bureau n'aurait aucun intérêt. Un coup de fil en réunion publicise le « it mec ».

The Boss achève sa partie de démineur et revient à la table de réunion, tandis que l'Intrigante rit à gorge déployée, de manière aussi spontanée que si elle lisait une partition. Elle vérifie que nous avons bien entendu, puis embrasse soigneusement son portable avant de le ranger, de se tourner vers nous et de susurrer d'une voix tombée du – septième – ciel :

– Je suis désolée de cette interruption, prétend-elle alors que son air énamouré indique clairement qu'elle ne l'est pas du tout. Nous pouvons reprendre !

– Donc, nous envisagions la possibilité de vous placer sous la hiérarchie directe de Mme Richard.

C'est une possibilité que personnellement je n'envisage absolument pas. Je décide d'abattre la seule carte potable de la donne apparemment pourrie qui m'a été distribuée :

– Je crains que cela ne soit pas possible. En tant qu'administratrice, je ne peux malheureusement pas être placée sous la direction d'une attachée territoriale. La DRH ne validera pas le transfert.

Tassement de l'Intrigante qui blêmit.

The Boss hoche la tête pour indiquer que ce fructueux échange est arrivé à son terme et explique à l'Intrigante :

– Bon, voilà qui est donc réglé. Sauf si vous réussissez le concours d'administrateur territorial en interne, Zoé reste sous mes ordres directs.

L'Intrigante soupire à fendre l'âme avant d'annoncer :

– Très bien, mais dans ce cas-là, je récupère le chargé de mission que Pierre-Gilles a recruté. Il m'a dit que finalement il n'en aurait pas besoin, ajoute-t-elle comme si elle parlait d'un pot à crayons supplémentaire.

The Boss hoche les épaules avant d'abdiquer :

– Si vous voulez.

Lundi 20 novembre

9 h 30

Je n'ai même pas le temps d'entrer dans le service que Paloma m'arrête, l'air décomposé :

– J'ai pas réussi à avoir de stagiaire, commence-t-elle à geindre. Cómo je fais ? J'ai beaucoup de trabajo !

Effectivement, je comprends sa douleur.

Parfois, à la mairie, il y a effectivement du boulot. Les dossiers s'accumulent et personne n'a l'idée de les traiter.

Lorsque les élus sont à deux doigts de la crise d'apoplexie, que le directeur des finances hurle qu'à la prochaine préparation budgétaire il diminuera le budget de moitié et que le chef des moyens généraux menace de couper l'électricité de l'étage, mes dévoués collègues n'ont plus le choix.

Ils se mettent alors à recruter des stagiaires pour que ces derniers fassent le boulot à leur place. Parce qu'en spécialistes es pipeautique, les agents du service refusent évidemment de travailler eux-mêmes et puisent donc dans ce gigantesque réservoir de main-d'œuvre bénévole.

Ce n'est pas « exploiter », mais « déléguer ». Ils ne glandouillent pas, ils managent, ils forment. Nuance. Pendant plusieurs mois, les stagiaires, dévoués esclaves des temps modernes, triment à traiter des dossiers, rédiger des conventions ou des comptes-rendus de réunions contre une rétribution que je n'hésiterais pas à qualifier de généreuse : poignée de main mollassonne, tasse de café lyophilisé tiédasse, voire, pour les recrues féminines, une recommandation à la DRH.

Officieuse, généralement faite au bistrot du coin, sous la forme d'un sobre et efficace « la nouvelle stagiaire, elle a un de ces culs ! D'en-fer ! Elle porte des jeans super-serrés en plus. Et ses nichons ! Je t'ai parlé de ses nichons ? Faut pas la laisser passer celle-là, c'est une bonne ».

Dans la fonction publique territoriale, c'est le décolleté qui doit être rempli, pas le CV.

Paloma commence à se tordre les mains de désespoir à l'idée de devoir traiter elle-même ses dossiers. Même si j'ai du mal à compatir, je me risque tout de même à demander :

– Comment cela se fait-il ?

Aussi étrange que cela puisse paraître, l'AIE est éminemment attractive et des dizaines de CV d'aspirants stagiaires s'empilent dans presque tous les tiroirs du service.

– Nuevo chargé de mission de Clothilde est arrivé. Plus d'oficina de libre pour stagiaire, m'apprend Paloma.

Je laisse Paloma se lamenter sur son sort et me dirige vers mon bureau.

Enfin, manifestement, à en croire la nouvelle déco et l'occupant, mon ex-bureau.

Car sur ma chaise est maintenant assis un nouveau fonctionnaire. Un vrai, avec toutes les options du parfait petit fonctionnaire sérieux. Costume-cravate-lunettes. Je suis persuadée qu'il a des stylos dans la poche intérieure de sa veste.

Un « keskifésérieuxavecsonkostume », comme se plaît à le répéter Coconne, qui vient d'apparaître derrière moi toute sautillante et apparemment subjuguée par l'uniforme de fonctionnaire modèle que la nouvelle recrue du service a su revêtir.

Le nouvel occupant se tourne et me regarde avec l'air apeuré d'un lapin pris dans les phares d'une 205 Junior, avant de prendre une grande inspiration tremblante et d'articuler péniblement :

– Vous êtes Zoé Shepard.

– Vous êtes dans mon bureau.

Ne jamais révéler ouvertement votre ignorance à un inconnu. Deuxième précepte après « ne pas accepter les bonbons qu'il propose ».

Le bizut se tortille – sur MA chaise – avant de m'expliquer d'une voix tremblotante :

– Je suis Cyrille Jardin, le nouveau chargé de mission. Mme Richard a déménagé vos affaires dans le bureau de l'ancienne assistante.

Le bureau de l'ancienne assistante est plus connu sous le nom de « dépotoir du service ». Dépourvu de chauffage, il sert officiellement de débarras pour les cartons et autres dossiers trop vieux pour être conservés dans les bureaux, mais pas assez anciens pour être évacués aux archives. Entre deux piles de dossiers, on compte également des meubles de bureau démembrés et une série de posters « France profonde » où l'on voit

Robert, béret grisâtre de rigueur, déguster un camembert moulé à la louche pendant que Ginette, moulée dans sa jupe, admire l'entrée d'une grotte.

Je remercie le Bizut et rejoins mon nouvel antre.

Il est encore pire que la dernière fois que j'y ai déposé ma propre pile de vieux dossiers, que je retrouve au même endroit. S'y sont ajoutés en quelques semaines une raquette de badminton cassée, un ordinateur Bull qui ressemble plus à un minitel qu'à un PC, une baffle de chaîne hi-fi et une multitude de cartons étiquetés « Coopération avec le Sud ». Je commence à débarrasser un des deux sièges de la pile de dossiers qui le recouvre, lorsqu'un timide grattement à la porte se fait entendre.

– Oui ?

– C'est Cyrille, Cyrille Jardin. M. Dupuy-Camet veut que vous me fassiez une présentation du service et de la mairie... puisque vous êtes administratrice territoriale, il a dit que vous seriez la personne la plus adéquate pour m'expliquer comment ça se passe ici.

Pourquoi The Boss ne joue-t-il jamais la carte de l'administratrice territoriale lorsqu'il répartit les dossiers intéressants ?

– Entrez, je ne vais pas vous décrire le fonctionnement des services à travers la porte !

Je vois la poignée s'abaisser convulsivement plusieurs fois sans que rien ne se passe.

– Il y a un problème ?

– Je n'arrive pas à ouvrir la porte, m'informe-t-il de l'autre côté.

S'il n'y arrive vraiment pas, deux conclusions s'imposent : il a le parfait profil pour travailler dans le service ; il va rapidement devenir chef. Ne pas réussir à ouvrir une porte, même Coconne ne me l'avait jamais faite. Je pose la pile de dossiers par terre, vais ouvrir la porte et m'écarte pour laisser passer un Bizut écarlate.

Joignant le geste à la parole, j'explique doctement :

– Pour ouvrir une porte, je vous suggère une méthode qui nous vient d'Indonésie. Il suffit de mettre la main sur la poignée et hop, d'un coup sec, vous abaissez la poignée et vous poussez la porte. Je dois dire que depuis que j'applique cette technique, je suis assez contente des résultats.

– C'est vraiment indonésien ?

– Non, ouvrir une porte, c'est international… quoique au Japon, c'est un peu différent, les portes coulissent.

– Comme les rideaux métalliques des boutiques ?

– Non ! Elles coulissent horizontalement, pas verticalement ! Comme dans les films d'Ozu, par exemple.

– O-quoi ?

– Ozu… *Le Goût du riz au thé vert*, *Crépuscule à Tokyo*…

Le Bizut me regarde, les yeux emplis de détresse, et je précise :

– Elles coulissent comme dans une ancienne pub pour les déodorants Obao.

– Ah oui ! Je m'en souviens ! s'exclame-t-il, rasséréné que nous ayons enfin une référence commune.

– Asseyez-vous, dis-je en lui indiquant d'un geste vague les deux chaises installées face à mon bureau.

Je le vois froncer les sourcils pendant qu'il se demande quel siège choisir. Encore un pauvre hère à la tête remplie de conseils de cabinets de consultants destinés à donner au recruteur potentiel la meilleure impression possible. J'imagine qu'il a dû passer les deux semaines précédant l'entretien à s'entraîner à serrer des mains « de manière dynamique et motivée » et à faire des lignes d'écriture afin que des experts de cette science tellement exacte qu'est la graphologie le déclarent officiellement « digne de confiance et capable de prendre des initiatives ».

J'abrège ses souffrances en posant sur la chaise de gauche une pile de dossiers. Apparemment soulagé que je lui aie évité de faire lui-même ce qui semble s'apparenter au choix de Sophie, il s'assied et me regarde avec une déférence qui m'inquiète.

L'une de mes missions de prédilection est d'informer les stagiaires et les bizuts du sort qui les attend. Ils sont tellement naïfs que faire tomber quelques-unes de leurs illusions n'est souvent pas du luxe.

– Nous allons commencer par le commencement. La carte en plastique que vous tripotez – avec une nervosité qui n'est pas justifiée, du reste, je n'ai jamais mangé personne – est votre badge.

– Oui, pour la cantine !

– Pas uniquement. Vous devez le passer sous la pointeuse lorsque vous arrivez le matin et quand vous repartez le soir.

– Depuis quand les cadres d'une collectivité à qui on ne paie pas leurs heures supplémentaires badgent-ils ? demande le Bizut interloqué.

– Excellente question !

Je me cale dans mon fauteuil, installe confortablement mes Converse sur une pile d'appels à projet de 2002 et commence à lui raconter l'histoire de la badgeuse.

Afin d'endiguer l'absentéisme galopant de notre belle collectivité, Grand Chef Sioux eut un jour une idée de génie : installer une pointeuse ! Les agents badgeraient en arrivant et en partant, et la perspective de débarquer dans des bureaux déserts pour cause de beau temps ou de crise de flemmingite aiguë serait défini-tivement obsolète.

S'il est des lieux où souffle l'esprit, je pense pouvoir affirmer que Grand Chef Sioux les évite comme la peste. Le fait de penser qu'obliger les agents à pointer deux fois par jour les incitera à rester entre les deux révèle en effet le faible sens des réalités de notre grand chef bien naïf.

S'attaquer à l'absentéisme de la collectivité en installant des pointeuses… Autant décider de vider l'Atlantique avec une cuillère à café.

Comme toutes les grandes règles, l'obligation de pointer a évidemment ses exceptions. Tous les agents de la mairie sont égaux, mais certains sont plus égaux que d'autres. Par conséquent, les directeurs ne pointent pas. Car si cette fonction est en réalité le résultat d'une faculté peu commune de reptation devant le Don, elle représente, aux yeux aveugles de Grand Chef Sioux, leur extraordinaire dévouement – dévotion, même – au service public. Pourquoi les faire pointer, alors que leur vie entière est consacrée à la promotion du service public et que les lois de Rolland[1] sont leur credo ?

Et que personne n'ait le goût douteux de décréter qu'ils ne pointent pas parce qu'ils n'arriveraient jamais à comptabiliser trente-cinq heures de présence, entre leurs déplacements tous frais payés par la mairie pour un séminaire à Malte et une journée de réunion au bord de la mer.

Ce serait méchant.

Parfaitement vrai, en l'occurrence, mais méchant.

1. Grands principes de fonctionnement communs à tous les services publics théorisés par Louis Rolland.

Bref, officiellement, afin de ne pas mettre mal à l'aise la plèbe territoriale, les directeurs ne pointent pas.

Pangloss trouvait que tout était pour le mieux dans le meilleur des mondes. Pour Grand Chef Sioux, la pointeuse sert à remettre les ouailles dans le droit chemin. Chacun ses aveuglements, après tout.

Jiminy Pointeuse installée pour endiguer la paresse au sein de la collectivité. Une idée théoriquement séduisante, mais extrêmement viciée en pratique.

Parce que évidemment, quel agent oserait venir tôt le matin et rentrer chez lui se recoucher ?

De manière fort étonnante, j'avoue ne pas être la seule à avoir eu cette brillante idée.

En réalité, nous sommes très nombreux.

Mais certains ont eu une idée encore plus géniale : se trouver une alliée de pointeuse.

Quelqu'un qui dispose des codes d'accès aux décomptes horaires individuels.

Bref, un complice à même de bidouiller le système pour faire croire que, si, si, à l'heure où blanchit la campagne, ils étaient postés devant leur PC, en plein travail et non dans les bras conjugués de leur conjoint/chat/ours en peluche et de Morphée.

Dans un élan de méconnaissance évidente stratégique, la DRH a confié la gestion du temps aux secrétaires, les dotant ainsi du pouvoir absolu.

Le temps, c'est de l'argent, comme disait Picsou. À croire que le canard richissime a commencé sa carrière non comme chercheur d'or au Klondike, mais à la mairie.

Car la secrétaire en charge de la chronotique rembourse actuellement sa piscine grâce aux pots-de-vin touchés pour bidouiller la pointeuse.

– Vraiment ? intervient candidement le Bizut.

Mon Dieu, mais que vais-je faire de ce type ?

– Non, Cyrille, je plaisante. Elle est uniquement dédommagée en cadeaux divers et variés. Toujours est-il qu'il faut être dans les bonnes grâces de notre alliée de la pointeuse, Coralie Montaigne. Elle est... assez... enfin, vous verrez par vous-même. Évitez de lui confier des trucs trop importants à gérer et tout ira bien.

Sous le choc de la révélation, le Bizut décide d'argumenter :

– Si ce sont des directeurs, ils doivent quand même travailler plus que les agents subalternes, objecte-t-il. Mme Richard m'a dit de vous demander de présenter le service car elle était débordée.

Ah, la crédulité de la jeunesse... Point trop n'en faut :

– S'il est une seule chose que vous devez retenir, c'est que ce sont les personnes qui disent le moins qu'elles travaillent qui travaillent le plus. Et dans ce service, celle qui travaille le plus, c'est Michelle, l'une des deux assistantes de M. Dupuy-Camet. Il faudra du reste que vous la voyiez, d'une part pour pleinement réaliser que c'est elle qui fait marcher le service, et d'autre part pour qu'elle vous explique directement le fonctionnement des finances et des marchés.

– À ce propos, Mme Richard m'a dit que vous pourriez me donner le CPV des MP et le guide MAPA de l'intranet de la D...

Le Bizut s'arrête et me lance un regard affolé.

– La DMP, la Direction des Marchés Publics.

Je ne peux que compatir. Avant de pouvoir exploiter des stagiaires, il faut en avoir été une.

Lorsque j'ai commencé comme stagiaire, je ne comprenais absolument rien à ce que les agents disaient et j'avoue avoir mis un moment à réaliser que c'était parfaitement normal. Ce premier jour m'a plongée dans un monde parallèle où l'on ne résout pas les éventuels problèmes, mais où on les *solutionne* et où une équipe n'est pas dirigée, mais *pilotée*. Les directeurs que j'ai rencontrés utilisaient si souvent le terme « positiver » que j'ai eu l'impression de me retrouver dans une mauvaise publicité de Carrefour. L'utilisation de sigles vise à faire croire à ceux qui les maîtrisent qu'ils appartiennent à un cercle d'initiés, une élite dont sont évidemment exclus les pauvres hères qui s'affolent en les entendant mener des conversations entières en acronymes.

J'ai rapidement intégré le fait que poser des questions équivalait à révéler publiquement mon ignorance et mon incompétence crasses. Or la première mission d'un nouvel arrivant est avant tout de ne pas révéler l'étendue de ses lacunes.

Pour mener une conversation avec cette soi-disant élite, les techniques de feinte sont variées : hochements de tête, répétition des termes employés par ses interlocuteurs, usage abusif des « très bien », « parfait », et si on se sent l'âme intrépide, « je vois parfaitement ce que vous voulez dire et je partage entièrement votre point de vue ». Le tout est d'avoir une bonne mémoire ou un carnet à portée de main pour se souvenir exactement des sigles employés afin de les répéter sans les écorcher, sous peine de voir sa couverture révélée.

L'entrée fracassante de Monique nous fait tous les deux sursauter.

– Tu savais que la belle-sœur de Coralie était au chômage ? me demande-t-elle sans préambule.

– Je ne savais même pas qu'elle avait une belle-sœur…

– Ça fait une heure qu'elle passe des coups de fil à l'ANPE, j'entends toutes ses conversations à travers le mur, c'est pénible, déclare-t-elle.

Parce que lorsque les conversations téléphoniques ont lieu dans le même bureau, ça ne l'est pas ? Finalement, mon déménagement dans le dépotoir du service est peut-être providentiel.

– Vous voulez dire qu'elle fait venir sa belle-sœur au bureau pour qu'elle puisse passer ses coups de fil gratuitement en se servant des téléphones de la mairie ? demande le Bizut, ahuri.

– Ça me rassure de voir que, finalement, je m'exprime clairement, rétorque Monique, apparemment d'humeur massacrante.

– Mais ça n'est pas normal !

– Depuis combien de temps travaillez-vous dans la fonction publique territoriale ? demande Monique, interloquée.

– Une heure.

– Vous vous habituerez à ce genre de pratique. Bientôt, vous ferez la même chose, la rassure-t-elle d'un ton paisible.

Le Bizut se décompose et commence à hyperventiler.

– Il fait chaud dans ce bureau, non ? Votre fenêtre est condamnée ? Je peux l'ouvrir ? demande-t-il, joignant le geste à la parole.

– Elle s'ouvre, pas de souci. Ceci dit, pour vous suicider, je vous conseillerais de prendre l'ascenseur et de monter aux Finances, au sixième. Ici, à part vous casser les deux jambes et vous tasser quelques vertèbres, vous n'arriverez à rien de productif.

Le Bizut quitte mon bureau, effondré. On dirait un poisson à qui on a ôté la grande arête. Monique me jette un regard de commisération avant de s'affaler sur le siège laissé vacant.

– Pas très feng shui, ton bureau, remarque-t-elle avant de me demander : Tu vas réussir à le former ?

– A priori, c'est plutôt à votre chef de service de le former. Je lui ai juste présenté quelques trucs.

– Clothilde ne forme pas les nouveaux. Elle a demandé à Bertrand que ce soit toi qui le formes. Il devrait te l'annoncer d'ici peu.

– J'ai déjà partagé pas mal de ma grande sagesse avec lui. Je ne vois pas ce que je pourrais rajouter de plus sans me rendre coupable d'incitation au suicide.

– Il y a plus grave. Tu réalises que la première chose qu'il m'ait dite est que mes coups de fil le dérangeaient car il comptait *travailler* ! s'insurge-t-elle.

Autant s'engager dans la marine en refusant de poser un orteil sur un bateau.

L'Intrigante lui installe Big Brother à domicile et Monique voit avec terreur sonner le glas de ses années de glandouille effrénée. Elle a l'air tellement affolée que si elle ne m'avait pas raconté son hystérectomie en détail, je pourrais soupçonner un début de ménopause.

– Tu vas drôlement me manquer, en fait, m'avoue-t-elle en se levant et en s'appuyant lourdement sur la poignée de la porte. Partager un bureau avec toi, finalement, c'était beaucoup plus agréable que prévu !

Je ne peux m'empêcher de sourire à cette confession.

– Oui, on a beaucoup exagéré mon pouvoir de nuisance… Je ne suis pas mutée à Saint-Pierre-et-Miquelon, Monique. Vous pouvez passer dans mon bureau quand vous voulez.

Lundi 27 novembre

10 h 40

Au moment où je récupère un tas de photocopies, je me cogne dans le Bizut qui erre dans les couloirs comme une âme en peine.

– Je n'ai rien à faire, se désespère-t-il.

– Bienvenue dans mon univers ! Quel était le cours le plus chiant auquel il t'ait été donné d'assister ?

– Les cours de latin, au collège, l'heure n'en finissait pas, répond-il sans hésitation.

– J'ai le regret de t'annoncer qu'à partir d'aujourd'hui, ta vie professionnelle sera un immense cours de latin de 35 heures.

– Mais je ne comprends pas, geint-il. Si j'ai été recruté, c'est bien qu'on avait besoin de moi.

Ah, ces petits jeunes, si innocents, si prompts à poursuivre des utopies de labeur…

– Novembre est la période des avancements internes. Le DGS voulait promouvoir sa maîtresse du mois, catégorie B, attachée territoriale. Or pour faire monter une catégorie B en A, il faut recruter deux cadres A. Tu es l'un des deux dont le DGS a exhumé le CV du fond d'un tiroir, entre sa bouteille de whisky et son magazine de cul. D'où ta présence dans notre beau et dynamique service.

– Mais ça n'est pas logique, objecte le Bizut. Si on fait monter une catégorie B en A, alors il manque un B. Pourquoi, dans ce cas, recruter deux catégories A supplémentaires ?

– Parce qu'un organigramme en pyramide inversée sur la tête est plus facile à gérer. Les catégories B et C sont à peu près les seules qui travaillent vraiment, elles ont mal rémunérées et syndiquées, donc susceptibles de créer des tensions. La volonté de révolte des catégories A est anesthésiée par le poids de leurs primes. D'où des recrutements massifs de cadres A sous des prétextes totalement fallacieux.

– Mais moi, qu'est-ce que je vais faire ?

– Comme tout le reste du service : pas grand-chose. Pratiquer cette activité que tout le monde réprouve, c'est-à-dire le travail, serait susceptible de nuire à ton intégration. Si l'envie de bosser te prend, assieds-toi, prends une grande inspiration et attends que ça passe. Dans l'immédiat, tu vas descendre en salle de réunion pour une réunion de service, l'un des grands moments de félicité collective de l'AIE.

– Vraiment ?

– Non. Vraiment pas.

11 h 15

Comme tous les lundis matin, le jeu du « c'est moi qui me ferai le plus mousser cette semaine » fait rage lorsque l'Intrigante l'interrompt froidement. Elle ne veut pas pourrir l'ambiance, nous annonce-t-elle, mais l'heure est grave. Lors d'une réunion dans un autre bâtiment, il a été impossible d'avoir du café, les assistantes de notre service refusant d'apporter le breuvage depuis notre bâtiment et les assistantes du bâtiment dans lequel se tenait la réunion refusant de préparer du café pour un autre service. Et elle espère bien trouver rapidement une solution à ce problème diplomatique de premier ordre qui, à entendre ses glapissements d'indignation, repousse la crise irakienne au rang de querelle sans importance.

Alors qu'on entend une mouche voler lorsque The Boss propose de lancer un groupe de travail, l'aréopage de dindes territoriales commence à se passionner pour La Grande Crise du Café. Les suggestions administratives fusent : doit-on préparer une note au DGS pour qu'il oblige l'odieux service à préparer des boissons chaudes pour les participants ? Pourquoi ne pas commander via les Marchés publics une cafetière supplémentaire dans un sac à roulettes pour le transporter d'un bâtiment à l'autre ? Faut-il exiger un déménagement à un autre étage disposant d'une salle de réunion plus grande ?

The Boss tente de calmer la crise du mieux qu'il peut, puis se tourne vers le Bizut pour procéder comme il se doit à son intronisation dans ses fonctions de « on ne sait pas trop quoi, puisque le poste qu'on voulait vous refiler n'est finalement pas libre ». Après quelques mordillements de lèvres nerveux, The Boss finit par présenter la nouvelle recrue comme « chargé de mission coopération ».

Je crois que ça lui est venu comme ça, quelques secondes avant qu'il ne présente officiellement le Bizut. Probablement une muse administrative qui, suivant l'exemple de Grand Chef Sioux, s'est consciencieusement avinée avant de venir en réunion et de susurrer l'appellation à The Boss.

Pendant qu'il trouve des arguments à ce nouveau gaspillage des deniers publics, le Bizut, véritable publicité du Locked-in syndrome, semble désireux de repousser les limites de l'immobilisme. À se demander s'il est réellement conscient de ce qui se passe autour de lui.

Moins de dix minutes après la fin du sacre, la réunion s'achève et The Boss m'emboîte le pas jusqu'au placard à balais qu'il convient d'appeler « mon bureau », avant de hausser un sourcil circonspect.

– C'est… heu… cosy, finit-il par accoucher en me voyant entourée de cartons et de vieilles affiches.

Je n'aurais pas exactement décrit ainsi mon dépotoir, mais allons-y pour « cosy ».

– Je voulais vous informer que le conseil municipal a voté vendredi le protocole d'accord entre notre mairie et celle de Changchun. Il va maintenant falloir réfléchir à la mise en place de l'antenne économique qui figure dans le deuxième axe. Vous allez sûrement devoir partir en mission technique en Chine en début d'année pour dresser les conditions de mise en place de ce bureau.

La Chine ? Géant ! Je hoche la tête avec enthousiasme.

– Bien sûr ! En janvier ?

– Plutôt février. Il est possible qu'il y ait des changements au sein de l'AIE. Je vous en dirai plus d'ici quelques semaines, déclare The Boss, de manière sibylline. Et puis, Zoé, vous avez fait grande impression à Cyrille. Comme Clothilde Richard est débordée et n'a pas le temps de le former, je ne vois que vous pour vous acquitter de cette tâche.

Évidemment…

– Sur quel dossier va-t-il travailler ?

The Boss soupire, fronce les sourcils, serre les lèvres, tord le nez. Il n'est pas constipé, il réfléchit. L'AIE a désormais atteint le point critique où il n'y a plus assez de dossiers pour officiellement occuper l'ensemble des agents.

– Oh, je sais ! finit-il par dire, avec le regard d'un chien qui vient de se souvenir de l'endroit où il a enterré son os. Cyrille va vous donner un coup de main sur le dossier « Chine ». Comme vous avez d'autres dossiers en cours, vous devez être absolument débordée.

Exactement. En ce 27 novembre 2006, l'adjectif qui me définit le mieux est effectivement « débordée ».

Décembre

Highway to Hell

Un fonctionnaire entend multiplier ses subordonnés, pas ses rivaux.

Loi de Parkinson

Vendredi 1er décembre

10 h 45

Alors que je tente d'initier le Bizut à la maîtrise des acronymes les plus utilisés à l'AIE, The Boss débarque dans mon bureau comme un marine à l'assaut d'une plage normande.

– Zoé, j'ai décidé de vous confier la supervision de la rédaction du règlement de mobilité, s'écrie-t-il avant d'écarter les lèvres et de serrer les dents pour élaborer ce qu'il considère sans nul doute être un sourire avenant. Cyrille vous donnera un coup de main. Après tout, d'ici quelques mois, des étudiants viendront certainement nous demander des bourses d'études pour étudier à l'Université de Changchun.

Pitié, tout sauf ça.

Le règlement de mobilité est censé être rédigé par la nièce du Don, Alix. Comme la pomme ne tombe jamais loin de l'arbre, Alix a hérité de son oncle son arrogance et sa bêtise. Conseillère technique de la mafia latrinesque, elle a passé cinq ans sur les bancs d'une fac d'histoire de l'art dont elle est ressortie avec un

DEUG et la conviction que son savoir en la matière était infini. Les murs de son bureau sont recouverts de reproductions de peintures qu'elle « analyse pour se détendre », comme elle se plaît à le répéter.

Alix l'artiste, la critique d'art, ne dépare pas dans cet éminent gang de Midas inversés : les moindres dossiers qu'elle récupère se transforment immédiatement en sombres bouses à son contact. Parce qu'elle est la nièce du Don, elle s'est autoproclamée « inspectrice des travaux finis » et donne régulièrement son avis sur les thématiques qu'elle maîtrise le moins. C'est-à-dire quasiment toutes.

The Boss a une confiance aveugle dans les capacités d'Alix et lui qui, d'habitude, fait preuve d'un manque cruel d'imagination, arrive toujours à trouver une excuse adéquate pour justifier ses plantages magistraux. Il n'hésite pas à qualifier ses notes, bourrées de contresens et rédigées dans un français approximatif, de « tentatives d'appréhender différemment les rouages d'un dossier complexe » et pioche allègrement dans son dictionnaire d'euphémismes pour nous expliquer doctement que le Cabinet a « forcément un autre point de vue que les services » lorsqu'il découvre qu'Alix a intégré la Suisse dans une demande de note sur l'Union européenne ou a baptisé le Royaume-Uni « République de Grande-Bretagne ».

Mes protestations sur fond de larmoiements d'injustice à la Calimero laissant de glace The Boss, j'ouvre le dossier préparatoire à la rédaction du fameux règlement censé poser les règles d'attribution des bourses de la mairie aux étudiants de notre ville partant étudier à l'étranger dans le cadre des échanges estudiantins, lorsque ma boîte de réception se met à clignoter, m'informant d'un nouveau message.

De : Alix
À : Zoé

Bonjour ☺ !
Une réunion se tiendra le mardi 5 décembre à 15 h 00 dans mon bureau.
N'imprime pas ce mail ! ☹… les arbres te remercieront ☺

Comment veut-on que je prenne au sérieux quelqu'un qui émaille ses mails de smileys ?

Mardi 5 décembre

15 h 00

J'arrive en retard devant la salle de réunion et n'ai pas le temps de briefer le Bizut sur le pouvoir de nuisance d'Alix qu'elle débarque, son inévitable Black-Berry de Femme Importante à la main, et dévoile une rangée de dents impressionnante. Elle me fait penser à un centaure inversé : une tête de cheval sur un corps de femme.

– Alix, je te présente Cyrille Jardin, le nouveau chargé de mission du Pôle inter…

– Oui, oui, me coupe-t-elle avant de reporter toute son attention sur son smartphone, seul moyen tangible pour elle de s'approcher de l'intelligence, même si elle n'est que technologique.

Alix distribue son projet de règlement. Plus projet que règlement. La page de garde me donne un avant-goût de la qualité du contenu : « Projet de réglement sur la mobilité en vu de la futur séance pleinière de Jouin. »

Encore une innocente victime sacrifiée sur l'autel de l'écriture SMS.

Pendant que nous feuilletons les trois pages du guide et que je souligne distraitement les fautes, elle commence à pianoter sur son BlackBerry, envoie un message et relève la tête avant de nous annoncer :

– Je suis complètement overbookée en ce moment. Le maire a besoin de moi en permanence !

Le maire…

Afin de nous persuader qu'elle occupe le poste de conseillère technique du maire uniquement grâce à son – fort peu fourni au demeurant – CV, Alix s'obstine à appeler son oncle de patron « le maire ».

– Comme c'est destiné à des étudiants français partant à l'étranger, je me suis dit que ce serait bien de donner des noms d'écrivains français aux dispositifs, expose-t-elle.

Je jette un rapide coup d'œil à la dernière page du document et découvre les noms des futurs dispositifs d'aides : Proust, Yourcenar, Nothomb. Je doute qu'Alix ait déjà ouvert un livre des deux premiers auteurs, quant à la troisième, il y a un léger souci de nationalité :

– Amélie Nothomb n'est pas française, mais belge.

– N'importe quoi, réplique Alix, piquée au vif que je puisse remettre en doute sa culture littéraire. Je l'ai entendue à la télé, elle parle français, pas belge.

– Le belge en tant que langue n'existe pas. Les trois langues officielles parlées en Belgique sont le français, le néerlandais et, de manière nettement plus marginale, l'allemand.

Alix lève les yeux au ciel avant de les rabaisser rapidement vers son BlackBerry et commence à taper frénétiquement avant de concéder :

– Oui, enfin, si tu veux…

– Je préférerais, oui. Cela dit…

Elle m'interrompt d'un geste agacé de la main et se penche sur son smartphone.

– Mais qu'est-ce qu'elle fait tout le temps avec ce truc ? chuchote le Bizut.

– Elle œuvre pour la paix dans le monde.

– C'est vrai ?

Comment un être humain peut-il être aussi imperméable au second degré après plus de quinze jours d'immersion totale à mes côtés ?

– Cyrille, c'est un BlackBerry noir, pas le téléphone rouge. C'est un gadget pour VIP wannabe qui ne lui sert à rien d'autre qu'à nous faire croire qu'elle est importante.

– Et nous ne le croyons pas ?

– Nope ! Cette nana est l'une des plus grandes fraudes de la mairie… ce qui, compte tenu de l'armée de parasites qui compose la mafia latrinesque, n'est pas peu dire !

Alix repose son smartphone.

– Si vous pensez qu'il me manque quelque chose, surtout n'hésitez pas, dit-elle en secouant la tête d'un air las et en se pinçant les sinus afin de nous prouver à quel point la dureté de son labeur l'épuise.

Je ferme les yeux, prends une large inspiration. Je mets à profit toutes les quatrièmes de couverture sur le bouddhisme et autres manuels de zénitude feuilletés en librairie pour ne pas lui suggérer d'acquérir un Bescherelle de toute urgence.

– C'est un règlement visant à cadrer les aides qu'on accorde aux lycéens et étudiants qui partent à l'étranger, non ?

– Ça me semble évident.

– Alors, pourquoi aucune destination, ni aucun cursus, ni aucun montant d'aides financières ne sont mentionnés ?

– Ce sera dans l'annexe.

– L'annexe de quoi ? Ce guide ne contient aucune information pratique ! Il est destiné à permettre aux étudiants et aux services d'avoir tous les renseignements concernant les aides attribuées pour des départs à l'étranger dans le cadre de leur cursus scolaire et je n'y vois absolument rien qui soit susceptible de les aider dans la constitution de leurs dossiers !

Alix soupire, exaspérée :

– Nous allons engager un prestataire extérieur pour bâtir un site internet où il y aura tous ces renseignements. J'ai du reste trouvé l'adresse, regarde, là : www.mairiemobilitée.com.

– Mobilit*ée* ? « ée » ?

– « Mobilité » est déjà pris, rétorque-t-elle.

Et www.stupidité.com ? Est-ce copyrighté par le Gang des Chiottards ?

16 h 30

En sortant de cette mascarade débilitante, nous nous cognons dans Géant Vert qui, appuyé contre la machine à café, endure sans sourciller le caquetage des deux secrétaires de son service. Il fond sur nous et me demande fébrilement :

– Vous n'avez toujours pas de voiture ?

– Toujours pas, non.

Il secoue la tête, ennuyé, puis se tourne vers le Bizut, encore sous le choc de sa rencontre avec Alix.

– Vous conduisez quoi ?

– L'Opel Corsa de ma mère, répond le Bizut au grand désarroi de Géant Vert.

Il soupire avant d'annoncer sombrement :

– Ça ne conviendra pas.

– Pourquoi ? rétorque le Bizut, apparemment piqué au vif. Elle vient de passer le contrôle technique et j'ai fait changer l'embrayage. Elle marche impeccablement bien, le garagiste m'a même garanti qu'elle pourrait rouler encore cinq ans minimum.

– Disons que je recherche quelque chose de plus spacieux... de plus confortable, explique Géant Vert avec beaucoup moins de gêne qu'il ne le devrait.

Afin d'obtenir une promotion, certains fonctionnaires n'hésitent pas à copuler joyeusement avec leurs supérieurs sur les sièges arrière de breaks que d'autres agents leur louent. Le passage de la promotion canapé à la promotion « banquette de Nevada » démontre une originalité et une ingéniosité indéniables, mais un degré zéro du romantisme au final. Ne parlons même pas de l'éthique, allègrement piétinée sur ces sièges en cuir. Au vu des primes que touche Géant Vert, il est assez étonnant qu'il décide de forniquer dans le parking de la mairie plutôt que de se payer une chambre à l'Ibis du quartier.

Un de ses chargés de mission arrive en courant :

– Vous voulez sous-louer une voiture ? demande-t-il en agitant sous le nez de Géant Vert un trousseau de clés.

– Une quoi ? s'enquiert-il anxieusement.

– La 807 de mon beau-frère. Il a quatre gamins, il faut bien les caser quelque part, croit-il bon de préciser.

La perspective de s'envoyer en l'air dans une voiture habituellement occupée par quatre enfants ne semble nullement entraver la libido du directeur des Marchés publics qui se retourne vers la plus jeune des secrétaires et lève, fort subtilement, deux pouces victorieux.

– Combien ?

– Vingt euros de l'heure.

– Ça fait un peu cher, commence à négocier Géant Vert, de toute évidence en pleine déformation professionnelle.

– Vous plaisantez, il y a des sur-tapis, une radio CD WIP Sound et je ne vous parle même pas des miroirs disséminés un peu partout, proteste le chargé de mission.

Le dernier argument fait mouche et Géant Vert répète d'un air rêveur :

– Des miroirs…

– Miroirs surveillance enfants, vous pouvez les faire pivoter. Non, vraiment, vingt euros, c'est une affaire.

Dans un univers professionnel aussi absurde, j'arriverais presque à le croire. De toute évidence, la présence de miroirs a achevé de convaincre Géant Vert qui ouvre son portefeuille à la hâte avant de fourrer deux billets de dix euros dans la main du tenancier de voiture close. Il se penche vers sa secrétaire avant de lui susurrer lascivement :

– Mademoiselle Martin, j'ai deux caisses de documents d'appels d'offres à aller chercher au sous-sol, vous me donnez un coup de main ?

– Pourquoi ne demandez-vous pas plutôt à un huissier de vous aider ? s'étonne le Bizut, me prouvant par là l'ampleur de la tâche éducative qui m'attend.

Mardi 12 décembre

11 h 15

– Yooooouuuuu're heeeeeeere, there's nooooooothing I fear…

Je vais me réveiller, ça n'est pas possible.

Car je suis de toute évidence en plein cauchemar.

Comment expliquer autrement le fait que je me retrouve en ce moment même sur le siège arrière de la voiture de The Boss, entre Coconne et Paloma, à les écouter chanter – faux – la BO de *Titanic* ? Peut-être avons-nous eu un accident dans lequel j'ai péri et je viens d'atterrir directement en enfer. Tant qu'à choisir, je préférerais encore les flammes de la géhenne, l'étang de feu, les fers chauffés à blanc, les abîmes pestilentiels et autres matelas de charbons ardents et de démons cornus et fourchus. Mais immédiatement et surtout en silence.

Tout plutôt que :

– My heaaaaaaaaaaaaaaaaaaaart wiiiillllllllllll go onnnnnnnnnnn and onnnnnnnnnnn.

Cette ignoble mascarade a commencé par une brillante idée de The Boss. Une de plus. Bizarrement, une idée du type « je vais arrêter de prendre Zoé pour une poubelle à dossiers inachevés et lui confier de vrais sujets intéressants sur lesquels elle pourra s'épanouir » ne lui vient pas à l'esprit.

Jamais.

Constatant avec une lucidité qui l'honore que son service ressemblait plus à une confrérie de branleurs apathiques et indisciplinés qu'à une équipe soudée dans laquelle toutes les énergies – si énergies il y a – sont mobilisées autour d'un but commun, The Boss a décidé par une belle matinée de juin d'organiser un séminaire au Mont-Saint-Michel.

– Et Alix a accepté de délaisser ses nombreux dossiers en instance pour nous faire l'honneur de nous accompagner, a-t-il précisé en se tournant vers elle.

Comme si la situation n'était déjà pas assez abominable, il a cru bon d'ajouter :

– Et nous ferons une excursion en bateau.

Cette suggestion a déclenché une vague d'enthousiasme sans pareille parmi les agents. Alix a immédiatement monopolisé la parole : les séminaires, c'est ce qu'il se fait de mieux en matière de management, elle a du reste lu *é-nor-mé-ment* d'études *trèèèèès pointues* à ce sujet, cela remotive les équipes d'une manière inégalée et elle a des idées *gé-niales* d'exercices de sport à nous faire faire.

En une phrase, elle avait réussi à concentrer tout ce qui évoque l'enfer sur terre pour moi : management, équipe, exercices de sport.

Je me suis revue en CM1, à l'époque où il était biologiquement impossible de me faire dispenser de sport pour cause de règles douloureuses, pendue à deux centimètres du sol au bout d'une corde, accrochée à un

124

plafond himalayesque avec pour consigne « atteindre le plafond *le plus vite possible* ».

Je n'ai jamais atteint la hauteur des épaules de mon prof, alors le plafond… et le plus vite possible…

Alix se lance dans la description d'un fantastique exercice visant à déterminer si on fait vraiment confiance au reste de son équipe et qui consiste à se laisser tomber en arrière en escomptant que son coéquipier nous rattrape. Surexcitée, elle insiste pour faire une démonstration, là, tout de suite, dans la salle de réunion. Elle se tourne vers moi et me lance :

– Tu tombes et je te rattrape, d'accord ?

Heu… Alix, ma grande, comment te dire ça sans te vexer : « Je ne te donnerais pas mes billets de train à réserver, donc te confier ma colonne vertébrale, c'est niet ! »

J'ai ouvert la bouche pour que l'excuse idoine en sorte et rien ne s'est passé. Je suis restée une bonne minute la bouche ouverte, genre truite morte sur l'étal, avant qu'Alix ne s'insurge :

– Attends, t'as pas confiance ou quoi ?

O my god ! Elle vient d'avoir un éclair de lucidité.

Je ne l'en croyais pas capable.

Comme quoi, même un cochon borgne peut tomber sur un gland de temps en temps.

– On peut faire le contraire si tu veux, suggère-t-elle généreusement.

Plus proche physiquement de Serena Williams que d'Audrey Hepburn, Alix mesure un bon mètre quatre-vingts et approche du quintal. Si elle se laisse tomber, soit je m'écarte d'un gracieux pas chassé… enfin d'un pas sur le côté, soit elle m'écrase.

Je finis donc monstre individualiste ou estropiée.

Aucune de ces deux perspectives ne m'apparaissant enviable, je me contente donc d'arborer mon expression de truite morte.

– Donc, je tombe et tu me rattrapes ! insiste-t-elle.

Vertèbres ou bras : lesquels dois-je sacrifier sur l'autel du séminaire ?

– Zoé, on y va ? s'impatiente Alix.

Et là, Monique m'a sauvé la vie.

Enfin, presque.

L'avoir entendue décrire ses soirées passées à garder ses petits-enfants a manifestement permis à mon inconscient d'enregistrer quelques données. Une fois ôtée la description détaillée de leurs selles et du contenu de chacun de leurs kleenex, la substantifique moelle pseudo-psychopédagogique me revient à l'esprit : « À chaque fois que mon petit-fils de trois ans est sur le point de faire quelque chose de mal, je fais de mon mieux pour détourner son attention. »

Si ces conseils s'appliquent à des petits d'homme immatures, cela devrait coller pour Alix.

– Monsieur Dupuy-Camet, j'aimerais savoir, le bateau, ce sera avant ou après les exercices qu'a proposés Alix ?

– Oui, oui, oui, ce sera quand, le bateau ? commence à piailler Alix, oubliant jusqu'à mon existence, à mon grand soulagement.

Réactivité légendaire de l'administration ? Poussivité des marchés publics ? Ce n'est que six mois plus tard, en plein mois de décembre et alors que le mercure affiche péniblement trois degrés, que je me retrouve entourée de Paloma et de Coconne, en route pour le fameux séminaire.

Une fois les bramements céline-dionesques ache-vés, je regarde par la fenêtre les silhouettes emmitou-flées des touristes.

– C'est quand même dommage qu'il fasse trop froid pour les exercices proposés par Alix, regrette Coconne.

Tandis que je me tords le cou pour essayer de voir la mer, j'ai soudain la vision de l'intégralité du service en maillot de bain, en train de se jeter dans les bras les uns des autres et, pour la première fois de ma vie, je décide que j'aime les marchés publics d'amour.

15 h 30

Mon amour pour les marchés publics a été totale-ment aveugle pendant plusieurs heures.

Trois heures, très exactement.

Jusqu'à ce que nous arrivions pour prendre le bateau, pour être précise.

En le voyant, j'ai d'abord pensé qu'il y avait eu un problème au niveau du paiement ou que The Boss avait décidé de nous prouver une fois de plus qu'avant d'être notre directeur, il était par-dessus tout un humoriste à l'immense talent : la *Perle des mers* ne ressemblait en rien à l'idée qu'on se fait d'un bateau.

Plus précisément à l'idée qu'on se fait d'un bateau qui permet à ses voyageurs d'arriver sans encombre à destination.

Alors que nous avançons sur le port, Léon déclare tout de go qu'après avoir regardé *Titanic* hier soir, il est absolument hors de question qu'il mette un orteil sur ce truc rouillé. Je ne peux pas lui donner tort : comparé à la *Perle des mers*, le *Radeau de la Méduse*, c'est le *Queen Mary 2*.

– Rolala, mais quelle chochotte, celui-là ! s'exclame Coconne en montant sur la passerelle, juste avant de s'étaler sur le bois détrempé.

– On s'est fait complètement rouler sur l'antidérapant, explique celui que sa casquette identifie comme « Cap'tain Yves », tandis que Coconne se frotte les genoux en grimaçant.

– C'est parce qu'il faut appliquer deux couches et prévoir un litre par mètre carré. Les grains déterminent l'épaisseur de la couche et là, c'est du boulot de gougnafier, diagnostique Monique après avoir examiné attentivement la passerelle d'un œil que l'aigle le plus exercé ne renierait pas.

Et comme si elle ne réalisait pas que le timing pour critiquer le Capt'ain du tas de ferraille sur lequel nous allons passer plus d'une heure est relativement mal choisi, elle rajoute :

– C'est ni fait ni à faire, du grand n'importe-quoi.

– « Homme libre, toujours tu chériras la mer[1] ! » s'exclame Pierre-Gilles manifestement d'humeur lyrique lorsque la *Perle des mers* démarre, laissant dans son sillage une traînée de gasoil particulièrement noirâtre.

– Cap'tain, ça me fait penser à « Ohé, ohé, capitaine abandonné », renchérit Coconne.

Afin de nous prouver l'étendue de sa culture musicale, Coconne décide de reprendre l'intégralité du tube[2], immédiatement accompagnée de Paloma qui, pour une Espagnole incapable de dire correctement « mar-

1. Charles Baudelaire, *L'Homme et la Mer*.

2. *Capitaine abandonné*, interprété par le groupe Gold dans les années 80.

chés publics », prononce particulièrement bien « Des remous des torts en Afrique ».

Comme quoi, tout est vraiment question de motivation.

16 h 05

Je me rends rapidement compte que ce qui est difficilement supportable dans un service de quelque trois cents mètres carrés devient absolument intolérable dans un espace confiné tanguant au milieu de nulle part. Vingt minutes plus tard, la seule information qui m'intéresse est le temps que mettrait un nageur à regagner le rivage dans une eau à cinq degrés.

Alors que la perspective d'un naufrage m'apparaît enviable, les « goldineries » s'arrêtent. Pendant qu'Alix et l'Intrigante jouent à celle qui léchera le mieux les bottes de The Boss, la moitié restante de l'équipage de *La Croisière s'amuse* version very low cost se met à discuter GPS et freins à disque ventilé, pendant que l'autre commence à débattre avec passion mode et H&M.

— 38 européen H&M, ça correspond à un 36, glapit Coconne en se tordant le cou pour voir l'étiquette de son pantalon.

— No, déclare doctement Paloma en lissant les plis de son slim taille 34 bien française. H&M, c'est tailles europeas. 38 europeo, c'est 40 francès.

— Vraiment ?

Coconne est à deux doigts de la crise d'angoisse, lorsque Monique lui assène le coup de grâce.

– Sachant qu'H&M taille très large, tu dois faire du 42/44.

Faisant mine d'ignorer que Coconne commence à hyperventiler, Monique continue à développer généreusement sa théorie :

– C'est bien, 42/44, pour ta taille et surtout pour ton âge. Comme ça, ton âge et ta taille sont les mêmes !

Je ne sais pas si c'est la houle ou la réalisation brutale qu'en réalité elle ne fait du 38 qu'en H&M taille européenne, mais Coconne décide brusquement d'aller faire un tour sur le pont.

Peut-être pour aller un peu plus près des étoiles…

De l'autre côté du radeau de la Méduse, un mugissement se fait entendre :

– Comment peux-tu préférer Lexus à Mercedes en matière de 4 × 4, ça n'a rien à voir ! Il n'y a pas débat, c'est ridicule !

C'est ce moment d'harmonie totale et de félicité que The Boss choisit précisément d'immortaliser sur son argentique. Il se découvre une vocation de paparazzi et commence à shooter tout le monde, parce qu'« une belle journée comme ça, il ne faudrait *surtout pas* l'oublier » !

Ce serait dommage, en effet…

Lundi 18 décembre

11 h 15

J'arrive en courant à la réunion du service et j'ai à peine le temps de m'affaler sur une chaise que The Boss nous apprend qu'au terme de toutes ces années

130

de bons et loyaux services, il quitte le navire et est remplacé à partir du 1er février par l'un des éléments les plus inutiles du Gang des Chiottards : Nicolas Baudet alias Simplet.

J'en recrache ma gorgée de café sur mon bloc-notes.

– Nicolas Baudet, le secrétaire du maire ? Directeur général de ce service ?

– M. Baudet n'est pas secrétaire, mais chef de cabinet, rétorque aigrement The Boss dans un dernier élan de loyauté mafiosique.

J'aimerais faire un petit rappel sémantique. Simplet gère l'agenda du Don. S'il était une femme, personne n'aurait le moindre scrupule à l'étiqueter « secrétaire » du Don. Cela n'a rien de péjoratif, c'est un état de fait. Qu'on les appelle techniciens de surface ou malentendants, cela ne change rien au fait que certaines personnes récurent des chiottes ou n'entendent que dalle. Simplet note les rendez-vous du Don : c'est son secrétaire, chromosome Y ou non.

The Boss tapote ses lèvres du bout des doigts, le visage crispé par la concentration.

– M. Baudet est très gentil, finit-il par accoucher.

Si, au bout d'une bonne minute de réflexion intense, The Boss n'arrive qu'à extirper la gentillesse comme qualité principale de Simplet, la situation est encore pire que je ne l'imaginais. Car Coconne aussi est gentille. Très gentille, même. Bizarrement, personne ne songe à la nommer à la tête d'un service de vingt personnes. Mais le fait que, pour elle, les *Dix Commandements* sont une création de Pascal Obispo n'œuvre peut-être pas en sa faveur.

Mais si Simplet, ombre de la main qui tient la laisse du chien du Don, peut se targuer d'une culture de façade, il n'en est pas moins dramatiquement con. Un béni-oui-oui de première catégorie aux facultés de reptation devant les élus peu communes. Parfait pour les concours d'hypocrisie en vogue lors des pince-fesses urbains qu'affectionnent le Don et le reste de la mafia latrinesque, mais catastrophique pour gérer un service de branleurs comme le nôtre.

S'il parvient à faire illusion en compagnie de rampants aisés et entouré d'une clique de résignés, Simplet est l'exemple type du degré zéro de l'intelligence, ne s'est jamais donné la peine de passer un concours administratif et vit dans l'ignorance la plus complète des règles de comptabilité et de finances publiques. Un handicap de taille lorsqu'on prend les rênes d'un service qui, mine de rien, dépense pas mal d'argent tous les ans. Qu'on lui parle de marchés publics et il évoque Rungis. Lui parler de légalité lui fait hausser un sourcil circonspect, lui qui était persuadé qu'on disait « l'égalité ». Et de se demander combien cela va coûter de faire regraver la devise française « Liberté, légalité, fraternité » sur le fronton des mairies.

Bref, la catastrophe faite administratif.

– Il a fait des études poussées de tourisme, insiste The Boss.

Léon me donne un coup de coude avant de pouffer :

– Il y a deux ans, Simplet a insisté pour participer à la mission que nous avons menée en Haïti. Il s'est désisté la veille du départ car il s'est soudain rendu compte que ce n'était pas Tahiti. Même que pour se faire rembourser les billets, ça a été une sacrée merde.

Autant pour les études poussées de tourisme.

132

Devant nos airs catastrophés, The Boss, en sa qualité de commandant de bord du *Titanic* post-rencontre avec l'iceberg, conclut avec un enthousiasme forcé :

– Mais ça va aller de toute façon.

Suis-je bête ! Pourquoi nous inquiéterions-nous, si The Boss lui-même affirme que « ça va aller de toute façon » ?

Janvier

Prove Yourself

Qu'est-ce que le 1er janvier, sinon le jour honni entre tous où des brassées d'imbéciles joviaux se jettent sur leur téléphone pour vous rappeler l'inexorable progression de votre compte à rebours avant le départ vers le Père-Lachaise… Dieu merci, cet hiver, afin de m'épargner au maximum les assauts grotesques de ces enthousiasmes hypocrites, j'ai modifié légèrement le message de mon répondeur téléphonique.

Au lieu de « Bonjour à tous », j'ai mis « Bonne année, mon cul ». C'est net, c'est sobre, et ça vole suffisamment bas pour que les grossiers trouvent ça vulgaire.

Pierre Desproges,
Chroniques de la haine ordinaire.

Lundi 8 janvier 2007

11 h 05

Comment est censée se dérouler une année professionnelle qui débute par une réunion de service ? Probablement pas très bien.

Léon inaugure l'« année 2007, année de la blague grasse » avec une répétition de « Bon néné » absolument désolante, tandis que Monique se risque à un « heureusement que tu n'as pas pris comme bonne résolution d'arriver à l'heure » en me croisant dans le couloir à neuf heures trente hors d'haleine, la chemise sortie du jean et la joue barrée d'une marque d'oreiller récalcitrante.

À peine arrivée dans la salle de réunion, je constate que bien que la plupart des personnes du service ne se supportent pas, toutes se tombent immédiatement dans les bras dans un bel élan d'hypocrisie collectif en se souhaitant « Bonne année ».

Malgré un langage corporel que je pensais affûté, les ondes « le premier qui m'approche s'en prend une » ne sont manifestement pas déchiffrées par tout le monde et je me retrouve enlacée par une assistante à qui j'ai dû parler deux fois en dix mois.

Les effusions calmées, chacun s'affale à sa place et The Boss commence son discours.

Dès le début, le ton est donné : « L'année 2007 sera plus calme que 2006. »

Vu la trépidante année passée, je ne vois pas comment on pourrait ralentir le rythme sans s'arrêter totalement, sauf à installer des lits pour s'adonner ouvertement et avec la bénédiction de The Boss à l'activité que le service pratique sans doute le mieux : la glandouille.

The Boss se permet tout de même d'émettre une critique :

– Si vous pouviez, à l'avenir, essayer de placer correctement le papier dans l'imprimante afin que les courriers que je signe ne soient pas imprimés de travers…

Un murmure de désapprobation parcourt la salle en réaction à cette consigne quasi dictatoriale.

Faire en sorte que les courriers et autres notes soient imprimés correctement ? Méfiance ! Ça commence par les courriers à imprimer correctement et cela va peut-être même aller jusqu'à l'obligation de relecture et – qui sait ? – de correction des torchons bourrés de fautes d'orthographe qu'ils envoient à la signature des élus !

Et sans augmentation ni RTT supplémentaire. L'esclavage moderne en bonne et due forme. Une honte !

Mais que font le TPI et la Cour européenne des droits de l'homme ?

Avant que je n'aie eu le temps de sortir de la salle, The Boss m'interpelle :

– Zoé, le maire a validé le principe d'une mission technique en Chine. Pékin et la province du Jilin. Vous partez en mission technique le mois prochain pour dresser les conditions de mise en place du bureau de représentation de la mairie à Changchun. Cyrille vous accompagne.

12 h 15

Je débarque dans le bureau de Monique et du Bizut et lâche la bombe :

– Prépare ton passeport, tes vaccins et ta valise, nous partons en Chine le mois prochain !

– En Chine ? Tu veux dire en Asie ?

– Mais non, Cyrille, je parle de la Chine espagnole… évidemment en Asie !

– Mais je ne parle pas chinois, réplique-t-il à mesure que ses yeux s'écarquillent dans un mouvement de panique croissant.

– Moi non plus et eux ne parlent ni français ni anglais. Nous n'allons rien comprendre à ce qu'ils vont nous dire… tu sais ce que ça signifie ?

Il secoue la tête d'un air inquiet et semble étonné de me voir si enthousiaste.

– On va avoir l'impression d'assister à un gigantesque séminaire de management. Mais ce sera à l'autre bout du monde et sans personne de la mairie. Ça va être génial !

Tous les ans, lors de la cérémonie des vœux du maire et de ses adjoints, avant de pouvoir accéder au buffet dont le coût en nourriture et en serveurs représente facilement le PIB du Gabon, il nous faut subir l'intolérable.

Le discours du Grand Chef Sioux de la collectivité et celui du Don.

Les discours du Don sont rédigés par les éminents cerveaux du Cabinet, ce qui explique qu'aucune des déclarations du Parrain ne soit jamais restée dans les annales.

Alors que je commence à râler à la perspective de subir trois quarts d'heure de discours avant de pouvoir piller le buffet des desserts, Monique m'informe que cette année, certains élus ont fait appel à un cabinet de consultants pour les coacher afin qu'ils puissent s'exprimer de manière naturelle.

Un cabinet de consultants, rien que ça…

– Et pas n'importe qui, croit-elle utile d'ajouter. Ce cabinet a été sollicité par Nagui et Carole Rousseau pour la préparation de leurs émissions !

Et là, je me maudis de ne pas avoir pris mon caméscope pour immortaliser ce qui va sans aucun doute être le plus poilant de tous les discours du Don.

J'arrête net de râler et me rue, bloc-notes et crayon à la main, dans le hall, laissant derrière moi une Monique pour le moins songeuse.

La bande originale de *1492 : Christophe Colomb* commence à s'élever dans l'agora alors que les élus entrent les uns après les autres, plus ou moins en rythme et avec une solennité qui frise le ridicule. Lorsque l'aréopage est quasi complet, le Don, engoncé dans un costume de créateur et son autosuffisance, fend la foule en serrant le plus de mains possible et en affichant un sourire ultrabright destiné à inspirer confiance. Il accélère le pas au rythme de la musique et monte sur l'estrade en hochant la tête d'un air qui se veut pénétré mais lui donne plutôt l'air de ces chiens à ressort que les conducteurs de grand goût installent sur la plage arrière de leur Nevada.

Décidément, rien ne nous aura été épargné.

La musique s'achève et Grand Chef Sioux s'avance, cramoisi, le nez collé sur ses feuilles avec l'air confiant et dégagé d'un élève de CE1 chargé de présenter un exposé sur le système solaire alors qu'il n'a toujours pas compris qui tourne autour de quoi.

Il s'éclaircit la voix :

– Le 12 mars est une date importante, car c'est la première étape du Paris-Nice, nous informe-t-il en guise de préambule.

Cette information de premier ordre donnée, Grand Chef Sioux commence à ânonner, butant à chaque phrase de ce qu'il convient d'appeler un copié-collé du site de citations Evene. Au fur et à mesure qu'il déroule un improbable patchwork de citations qui n'ont en commun que le fait de n'avoir strictement rien à voir avec ce qu'il dit dans les intervalles, j'observe le visage de mes collègues, espérant y apercevoir au pire un brin d'étonnement, au mieux un atterrement amusé, mais je ne vois rien d'autre qu'une intense concentration mêlée d'admiration.

C'est navrant. Personne ne pouffe, même lorsque Grand Chef Sioux se met à nous expliquer doctement que « l'eau chaude ne doit pas oublier qu'elle a été froide », avant de conclure son discours par un vibrant « Je crois que nous sommes exemplaires » à installer au panthéon des croyances farfelues, juste à côté de celle des philosophes grecs, persuadés que la Terre était plate.

Grand Chef Sioux se recule et la reprise du *Printemps* par Rondo Veneziano démarre alors que le Don monte sur un petit piédestal installé sur l'estrade. Il feuillette rapidement les quelques feuilles de son discours, prend une large inspiration et se lance :

– L'année 2007 est particulière, car contrairement à 2008, année des municipales, elle n'est pas bissextile.

13 h 03

Encore étourdie par tant de profondeur, je me dirige vers le buffet abondamment fourni et commence à piétiner joyeusement l'ensemble des principes nutritionnels en empilant tout ce qu'il compte de gras et de sucré dans mon assiette, lorsque Léon m'interrompt :

– C'était un beau discours, non ?

– Avons-nous assisté au même ?! Ou, plus important, y a-t-il vraiment quelqu'un qui est payé pour écrire cette daube, ou c'était pure impro du grand homme ?

– Arrête, c'était pas si mal.

– Il a tout de même démarré son discours par « l'année 2007 n'est pas une année bissextile »… on peut difficilement faire plus bizarre comme entrée en matière, non ?

– Et alors, ce n'est pas vrai, peut-être ? Ton problème, c'est que rien ne te convient jamais, développe-t-il généreusement. Tu es une éternelle insatisfaite.

– Merci, tu viens de m'épargner de longues séances sur le divan d'un psy. Je te fais un chèque pour te récompenser de ton brillant diagnostic ?

– Commence par te réjouir de petites choses et tu verras, ça viendra tout seul.

– Bien sûr, « l'eau chaude ne doit jamais oublier qu'elle a été froide »…

– Tu sais ce que tu devrais faire ? Aller voir la page Facebook du maire, ça te permettrait de mieux le connaître et donc de l'apprécier.

Je ne prends même pas le temps de réduire à néant son argumentation, tant cette révélation me sidère. Le Don a une page Facebook ?! J'attrape une part de galette des rois et me précipite dans mon bureau.

13 h 20

J'ouvre Internet, tape frénétiquement l'adresse de Facebook, entre le nom du maire et me retrouve face à une photo du Don dans toute sa splendeur de notable d'envergure communale, hilare à souhait.

Je ne peux que me rendre à l'évidence : pour redonner un coup de jeune à l'image du Don, le Gang des Chiottards n'a rien trouvé de mieux que de lui créer une page Facebook. La mafia latrinesque aurait pu travailler à l'élaboration d'un programme politique cohérent ou lui préparer des fiches techniques pour qu'il n'ait pas l'air débile, lors des débats avec ses adversaires politiques, à évoquer des chiffres de 2001, mais cela leur aurait paru terriblement conventionnel. Alors qu'une page Facebook, ça au moins, c'est vraiment utile…

Pauvre de lui.

L'action la plus aboutie du Don sur un ordinateur consistant probablement à se connecter sur Google et à y entrer « photos porno », il paraît évident que sa page sur *The virtual place to be* est entièrement tenue par Communicator.

Soixante-trois amis.

Sachant que la page a plus d'un mois… peut mieux faire.

Un test de notoriété grandeur nature comme Facebook ne pardonne pas s'il est négatif. Je balaye rapidement les noms et y retrouve de manière très prédictible le Gang des Chiottards au grand complet qui se sont précipités pour « add as a friend » leur chef adoré. Étrangement, je retrouve des noms connus : apparemment, dans un surprenant moment de lucidité, Communicator a compris qu'il était impératif de trouver au Don des amis qui aient de la gueule et un minimum de crédibilité. L'inverse du Gang des Chiottards, donc. Le Don est ainsi l'ami facebookien de tout le gratin politique qu'il a toujours rêvé de côtoyer et auquel, au mieux, il a serré la main lors de meetings.

Je déroule la page et constate que l'utilisation de Facebook comme moyen efficace pour étendre la visibilité du Don et créer plus rapidement qu'ailleurs des communautés de soutien, à la manière des réseaux sociaux américains notamment, n'a évidemment pas été envisagée par Communicator.

En revanche, je découvre qu'il n'y a pas été de main morte sur les applications les plus inutiles.

Which Superhero are you ?

Le Don n'est rien de moins que Superman ! Je tente de surmonter le choc de la révélation, mais une vision persistante de Monsieur le maire moulé dans un slip rouge par-dessus une paire de collants bleus me provoque immédiatement une crise de fou rire incontrôlable que je n'arrive pas à faire cesser au moment où Monique me rejoint.

– Je peux venir ? Cyrille travaille, ça me fait culpabiliser ! Tu as l'air de meilleure humeur qu'après la fin du discours, remarque-t-elle.

– Vous saviez que s'il était un dessin animé, le maire serait *La Belle au bois dormant* ?

– Étrange, entre sa légitime, Barbara, et sa tripotée de maîtresses moins connues, j'ai toujours pensé qu'il était plutôt branché femmes, dit-elle en sortant un petit carton de macarons et autres mini-pâtisseries subtilisés au buffet.

Quel bel après-midi nous avons passé à déguster des petits-fours tout en conjecturant sur les orientations sexuelles du Don…

Lundi 15 janvier

10 h 35

À chaque fois que je pense que ça y est, c'est la fin, ceux qui m'ont embauchée vont finalement s'apercevoir de leur erreur et se rendre compte que je ne comprends rien à rien – enfin, pas grand-chose à beaucoup de choses –, mes craintes sont vigoureusement démenties.

Lorsque The Boss me convoque dans son bureau parce qu'il « a des choses très importantes à me dire », je pense immédiatement que sous ses airs bonhommes de patron qui plane à cent mille et ne réalise que sporadiquement que son service se barre en déliquescence, il est enfin passé de l'ombre à la lumière, a constaté mon inutilité et ne veut pas imposer un poids mort supplémentaire à son futur remplaçant.

Eh bien, aussi surprenant que cela puisse être, pas du tout.

– Dans quelques semaines, un organisme externe vient auditer le service Voirie de M. Mendès qui travaille sous les ordres de Mme Lambron, et le maire souhaite établir en interne un pré-audit afin de savoir à quoi nous attendre, m'explique-t-il avant même que j'aie eu le temps de m'asseoir.

– En quoi cela me concerne-t-il ?

– C'est vous qui allez effectuer cet audit, répond-il en regardant sa montre et en me précisant : Dans un peu moins de cinq heures.

– Moi ?

Qu'est-ce qui peut bien lui faire croire que je suis capable de faire un audit d'un service Voirie ? Ayant échoué à trois reprises avant d'avoir mon permis, c'est un doux euphémisme que de dire que je ne maîtrise absolument pas tout ce qui a trait aux voitures et aux routes.

– Seul un administrateur territorial peut effectuer ce genre d'audit et les deux autres A+ de la mairie ne sont pas disponibles, donc…, finit-il, me laissant le soin de terminer la phrase.

… c'est vous qui allez vous y coller.

Et effectivement, moins de cinq heures plus tard, je me retrouve devant la secrétaire de Mendès occupée à lire les dernières frasques d'Amy Winehouse.

– Quoi ? me demande-t-elle, apparemment agacée de devoir interrompre sa lecture.

– Bonjour, j'ai rendez-vous avec M. Mendès.

La secrétaire se tourne vers sa collègue et lui adresse un signe de la tête.

– Béa, t'as noté quelque chose dans l'agenda de Maurice ?

Maurice.

Outre le fait qu'il doit certainement être en fin de carrière, la remarque de la secrétaire m'apprend que Mendès se fait donc appeler par son prénom. Soit un moyen incroyablement hypocrite de soi-disant gommer le lien hiérarchique, d'instaurer une pseudo-égalité entre secrétaire et directeur, et surtout de magnifier l'agressivité des parties en cas de désaccord. Autant il est malaisé d'insulter un collègue qu'on vouvoie, autant le « mais t'es complètement conne ou quoi ?! » est de nature à fuser facilement lorsque Maurice trouve que son assistante a fait une ânerie.

Béa se tourne vers moi :

– Vous pouvez attendre ici, me précise-t-elle en me désignant d'un index soigneusement french-manucuré une rangée de sièges au cas où j'aurais eu l'idée de m'asseoir directement sur le linoléum grisâtre du hall.

Trois quarts d'heure plus tard, j'ai fini de lire *Le Canard enchaîné*, bouclé le dernier Douglas Kennedy et je songe sérieusement à décliner mon identité afin de faire accélérer les choses.

Car si tout le monde dans la collectivité connaît mon nom, ou tout du moins est au courant de l'existence de « l'administratrice territoriale du service de

The Boss », peu de personnes savent en réalité m'identifier lorsque je les croise dans le couloir. Boycottant avec constance les séances photo destinées à mettre à jour le trombinoscope de la collectivité, je bénéficie d'un relatif anonymat renforcé par mon efficace stratégie de désinformation :

– Excusez-moi, c'est bien vous, Zoé Shepard ?

– Non ! Dieu soit loué, pas du tout ! accompagné de la grimace dégoûtée qui s'impose dans de telles situations.

Par chance, dans l'esprit des gens de ma collectivité, un haut fonctionnaire est vieux, chauve, en costume-cravate et doté d'un attaché-case exhalant les riches arômes mêlés du cuir et de la satisfaction de soi. Ne me séparant que rarement de mon uniforme jean-Converse et planquée sous mes lunettes de soleil pour dissimuler le fait que j'ai passé la nuit à bouquiner, à regarder les derniers épisodes de *Battlestar Galactica* et à surfer sur Internet, je ressemble au mieux à une stagiaire, au pire (*sic*) à un agent d'entretien qui aurait oublié son uniforme. Quoi qu'il en soit, une quantité négligeable, incognito dès les portes du service franchies.

Sauf qu'au bout de trois quarts d'heure d'attente, la quantité négligeable commence à en avoir légèrement sa claque.

– Excusez-moi, j'avais rendez-vous à quinze heures trente avec M. Mendès. Il est quasiment seize heures trente. Peut-être m'attend-il ?

– Il est oc-cu-pé, chantonne-t-elle sans lever les yeux de son écran d'ordinateur, probablement branché sur purepeople.com, le site de prédilection des agents de la mairie.

Occupé ? Débordé, même, comme le prouve l'arrivée dudit Mendès qui ne m'adresse même pas un regard et lance à sa secrétaire : « Elle est toujours pas arrivée ? » avant de se tordre les mains nerveusement.

Devant son agitation croissante, je me compose un air particulièrement ingénu, à la limite de la débilité déférente, et lance :

– Quelque chose ne va pas ?

– Non. Nous allons être audités et pour le pré-audit interne il paraît que c'est une administratrice territoriale qui s'y colle.

– Et alors ?

– Et alors ?!

Il me regarde incrédule devant tant de naïveté et commence à frénétiquement jouer avec son stylet de Palm Pilot avant de m'expliquer doctement :

– Et alors, c'est une administratrice territoriale, un haut fonctionnaire, m'expose-t-il en détachant chaque syllabe comme s'il s'adressait à une demeurée malentendante. Ces gens-là sont super-calés et elle va rien nous laisser passer. La moindre irrégularité, bang ! Elle va foncer droit dessus. Ces gens-là ont des sortes de radar. Ils sentent la faille, s'y engouffrent et c'est la fin. Ce sont des vicieux.

Je hoche la tête, compatissante. S'il savait que je n'ai aucune idée de la manière dont je vais bien pouvoir m'y prendre pour procéder au fameux audit interne…

– Au fait, vous êtes là pour quoi, au juste ? On ne prend pas de stagiaires.

– Je ne suis pas aspirante stagiaire. En réalité, je suis la vicieuse à radar chargée d'auditer votre service.

Les présentations étant faites, j'entre dans son bureau.

Mardi 16 janvier

10 h 20

– Vous êtes sûre que vous n'avez pas été trop sévère ? geint The Boss en lisant mon rapport d'audit.

– Je me suis amusée à calculer le pourcentage des pièces justificatives qu'il manquait dans les dossiers de subvention gérés par le service de M. Mendès. J'arrive à soixante-huit pour cent. Alors, non, je ne pense pas avoir été trop sévère lorsque je marque que les deux tiers des justificatifs ne figurent pas dans les dossiers.

– Deux tiers ? Vous pensez à une fraude dans l'attribution des subventions ?

– Même pas. Les récipiendaires ont été sélectionnés selon des critères parfaitement objectifs.

– Et vous avez regardé les marchés publics ?

– Pareil. Il n'y a pas d'irrégularités flagrantes, même si on peut pinailler par-ci, par-là, mais les dossiers sont tous incomplets. Heureusement que la direction de la Commande publique avait les doubles. Je pense qu'il est juste terriblement bordélique. Son bureau, c'est les écuries d'Augias, les dossiers d'appels d'offres jonchent le sol, certains sont maculés de café...

The Boss se décompose et regarde anxieusement autour de lui les piles de dossiers qui s'entassent de manière approximative dans son bureau et je réalise soudain que je suis plus ou moins en train de décrire son lieu de travail.

– Je vais transmettre votre rapport à… heu… l'organisme de contrôle extérieur… vous pouvez disposer… j'ai du rangement à faire…, balbutie-t-il.

Étrange. The Boss se soucie habituellement comme d'une cerise de mes remarques sur l'état de son bureau. Quelque chose m'échappe.

Jeudi 18 janvier

12 h 30

Cellule de crise dans mon bureau. J'ai enfin compris ce qui m'échappait. Je réunis Monique, Léon, le Bizut, Michelle, Paloma et finis par intégrer Coconne, au bout de son dixième furtif et soi-disant discret passage devant mon bureau.

– Notre service va être inspecté sous peu.

– Comment vous savez ça ? demande Coconne. Moi, on ne m'a rien dit.

Moi qui pensais que The Boss gardait Coconne dans le secret des dieux !

– Depuis hier après-midi, il y a un moustachu dans le bureau de The Boss, vous l'avez tous remarqué, non ?

– Ben, c'est pas un stagiaire ? s'étonne Coconne.

– Il a cinquante ans au bas mot, donc j'en doute. Ce matin, j'ai fait un solo avec mon parapluie dans mon bureau et The Boss flanqué du moustachu est entré…

– Quelle musique ? demande Léon.

– *Highway to Hell*, mais c'est pas là où je veux en venir…

– D'AC/DC ? insiste-t-il.

151

– Non. De Schubert. Léon, pitié, laissez-moi finir !
Au lieu de me convoquer dare-dare dans son bureau,
The Boss a fait comme s'il ne me connaissait pas et
a refermé la porte. Soit c'est un début d'Alzheimer,
soit le moustachu en imperméable qui ne le quitte pas
d'une semelle depuis lundi, c'est l'inspecteur général.

– Tu crois ?

– Le timing est parfait. Dans un an et quelques
auront lieu les élections municipales et le Don veut présenter un bilan positif et surtout légal de son action.
Sans compter que The Boss part bientôt. D'où l'inspection générale. Le fameux « organisme de contrôle extérieur » censé inspecter le service de Mendès, c'est
l'inspecteur général. Maintenant, c'est notre direction
qu'il va contrôler.

– Oh merde ! synthétise Monique.

– Exactement ! Derrière sa moustache et son imper,
l'inspecteur Clouzeau ne va pas lâcher le morceau
avant d'avoir trouvé quelque chose. Et pour le moment,
il y a énormément de choses à trouver.

– Bah, c'est pas notre faute, se défend Coconne
avant de s'enquérir : Il s'appelle vraiment Clouzeau ?
Ce nom me rappelle quelque chose...

– Non. Il s'appelle Dorset. Ce n'est peut-être pas
entièrement notre faute, mais s'il y a des dépasse-
ments de frais de déplacement d'élus, des paiements
au noir et des dossiers ficelés comme l'as de pique,
ce n'est pas la faute de The Boss non plus. Et il n'y
a aucune raison pour que ce soit lui qui paye la
connerie de ses services et celle du Gang des Chiottards.

– T'as un plan ? demande Léon dont les yeux commencent à briller tandis qu'il envisage sa reconver-
sion en James Bond de province.

– Vendredi, dix-sept heures dans mon bureau. J'aurai un plan.

Enfin, j'espère.

Vendredi 19 janvier

17 h 00

– Et on a combien de temps ?

– Vingt-quatre heures chrono avant le passage des agents de sécurité.

– Pour compléter les dossiers et tenter de voir comment on peut régulariser les dérives dans les frais de déplacement ? Tu plaisantes ? demande Léon.

– Jack Bauer sauve le monde en vingt-quatre heures, alors on peut bien sauver la réputation de The Boss.

– Jack Bauer n'existe pas, c'est un personnage de série, objecte Coconne.

Après neuf mois à la côtoyer, je viens enfin de découvrir le mode d'emploi : pour en tirer quelque chose, il faut la mettre sous pression. Je n'ose imaginer les implications d'une telle révélation. Coconne a dit quelque chose de sensé. Au moment le plus mal choisi, certes, mais mes certitudes s'effondrent. Coconne a fait preuve de sagacité. Le tissu du continuum espace-temps va se dénouer incessamment.

– Coralie, si vous vous arrêtez à ce genre de détail, on n'est pas arrivés.

– Bon, M[1], quel est le plan ? soupire Léon.

----

1. Ancien amiral à la retraite, M est le directeur du MI-6, patron de James Bond dans les romans de Ian Fleming.

Le « plan » est plutôt simple : pendant que Monique, Paloma et Léon compléteront les dossiers en imitant les pièces justificatives égarées dans l'auge qui fait office de bureau à The Boss, Michelle et moi vérifierons les frais de déplacement. Je tends au Bizut un post-it.

— Voilà les codes d'accès de l'ordinateur de The Boss, il faut faire le ménage sur le réseau.

— Comment as-tu trouvé les codes ? demande Coconne, ébahie.

Plutôt que d'avouer que j'ai entré sa date de naissance et que tout s'est ouvert, je décide de rester évasive sur mes qualités de hackeuse et hausse les épaules.

— Aucune importance ! Coralie, vous allez dans chaque salle virer les bouteilles et tout ce qui n'a pas sa place dans un bureau de fonctionnaire respectable. Ça inclut l'intégrale de la collection Harlequin de l'Intrigante, le volant de formule 1 que The Boss a monté sur son ordinateur et les magazines de cul de Pierre-Gilles. On descendra tout ça dans un carton qu'on mettra dans le coffre d'une bagnole de fonction.

— Pierre-Gilles a des magazines de cul ? demande Léon.

— Comme si vous ne les aviez jamais feuilletés… Go, maintenant ! La sécurité se pointe demain vers dix-sept heures, soit vingt-trois heures trente-cinq à partir de maintenant.

Alors que je trie les notes de frais de déplacement des deux chefs de pôle, Michelle vient me voir, le front anormalement plissé et le regard inquiet :

– Qu'est-ce qu'il a fait pour nous, Thomas Sapin ?

Thomas Sapin, fils d'un ami de Fred-les-mains-baladeuses qui l'a imposé comme « expert international » sur la première coopération que nous avions avec le Jilin. Aussi calé en expertise internationale que moi en tricot.

– Il a bossé sur les deux dernières missions en Chine qu'ont menées The Boss et Fred-les-mains-baladeuses, en juin 2004 et en octobre 2005. Organisation de rendez-vous et interprétariat. Pourquoi ?

– Je viens de fouiller tout le dossier Jilin 2002-2005 de fond en comble et je ne retrouve sa trace nulle part, sauf sur un post-it « Thomas Sapin, 7 500 € ».

– Fred nous a dit qu'il avait le statut de consultant, il doit forcément y avoir un numéro SIRET qui traîne quelque part, ou un code APE.

– J'ai aucune facture et sur les frais de déplacement de Fred, il y a pas mal d'incohérences. En additionnant les « divers », on arrive à 7 500 euros, explique Michelle en se mordant la lèvre.

Merde.

Pas de factures, pas de code, pas de traces. Le type a été payé au noir. Même si Clouzeau a l'intelligence de son look, il ne va pas passer à côté de 7 500 euros sans justificatifs.

– Tu as trouvé ce que tu cherchais ? me demande le Bizut en tentant de se faire une place dans l'océan de paperasses au milieu duquel je suis assise.

– Au-delà de mes espérances. Regarde !

Je lui tends le dossier que je suis en train de compulser.

– Paradise Hotel, 450 euros la nuit : six nuitées ; location d'une limousine : 600 euros ; bar de l'hôtel : 650 euros, lit le Bizut. Y a pas à dire, Fred a vraiment des goûts de luxe !

– Et encore, pour ces dépenses, nous avons les tickets. Non, c'est cette ligne qui m'ennuie le plus : Thomas Sapin : 2 500 euros. Aucune facture. Il a payé en liquide. Et je retrouve ça à trois reprises.

– Qu'est-ce que tu comptes faire ?

– Quelle heure est-il en Chine ?

– Je crois qu'il y a sept heures de décalage. Il doit donc être presque neuf heures du matin.

J'attrape le téléphone et compose le numéro de notre soi-disant expert international. À la huitième sonnerie, il décroche enfin avant d'aboyer un « quoi ?! » peu amène.

– Bonjour, excusez-moi de vous déranger, je souhaiterais parler à M. Sapin, s'il vous plaît.

– C'est moi.

– Bonjour, je travaille aux Affaires Internationales et Européennes de la mairie et j'aurais besoin de quelques éclaircissements sur plusieurs missions d'organisation de rendez-vous et d'interprétariat que vous avez menées pour nous.

– Lesquelles ?

– Je voudrais savoir comment vous avez été payé et par qui.

– Le maire adjoint en charge du Protocole, Frédéric Mayer, m'a remis une enveloppe contenant mes émoluments, m'explique-t-il candidement.

– Un contrat de travail a-t-il été fait ?

– Disons que M. Mayer me demande des services qui ne peuvent pas vraiment figurer dans un contrat de travail typique, si vous voyez ce que je veux dire…

Non. Je refuse de voir ce qu'il veut dire.

La politique de l'autruche ayant tout de même ses limites, je me lance :

– Avez-vous fourni de la compagnie galante à M. Mayer, monsieur Sapin ?

Mon interlocuteur n'hésite même pas :

– Bel euphémisme, mais oui.

– Génial…

– C'est exactement ce qu'il m'a dit, répond l'expert avant que je raccroche.

02 h 15

– Alors ? me demande Michelle lorsque je reviens dans le bureau de The Boss et m'affale sur son siège.

– Alors, Fred s'est fait fournir des putes qu'il a sautées dans une limousine de location et s'est fait rembourser l'intégralité en frais de déplacement. Nos impôts financent les putes de nos élus. Le point positif, c'est que c'est la direction des Finances qui a merdé, pas The Boss.

– Qu'est-ce qu'on va faire ?

– Obliger l'expert à obtenir un statut juridique s'il veut continuer à travailler pour nous, foutre la trouille de sa vie à Fred en lui agitant sous le nez le spectre du juge financier et de l'opprobre dans la presse sur dix générations, le convaincre de laisser l'élu en charge des relations internationales se charger effectivement des relations internationales…

– Et pour les paiements en liquide qui ont déjà été effectués ?

– On laisse. Je vais prendre rendez-vous avec le directeur des finances pour qu'il m'explique comment il a pu laisser passer une aberration pareille. Ensuite, il se démerdera avec Clouzeau lorsqu'il sera inspecté.

Michelle hoche la tête et quitte la pièce.

Deux heures plus tard, tous les dossiers ont été vérifiés, les bureaux ne contiennent plus que le matériel requis du parfait petit fonctionnaire dévoué au service public et les frais de déplacement de nos deux élus de référence sont à peu près dans les normes. De quoi permettre à The Boss de quitter le service la tête haute.

Lundi 22 janvier

10 h 27

Une fois n'est pas coutume : j'ai tellement de choses à faire que je suis étonnée que ma tête ne penche pas sur le côté, façon David Niven dans *Le Cerveau*. Outre finir l'analyse budgétaire de la direction et boucler les trois dossiers que Paloma m'a aimablement refilés deux jours avant de devoir les rendre, je dois assister à la place de The Boss à une intervention du maire aussi chronophage qu'inutile sur les différents jumelages de la mairie avec des collectivités étrangères.

– Je suis persuadé que vous allez apprendre beaucoup de choses, a déclaré The Boss avant de raccrocher, au moment où j'allais lui expliquer qu'ayant rédigé moi-même le papier qu'allait lire le maire durant la réunion, j'avais quelques difficultés à voir la plus-value de ma présence sur place.

Installée dans mon bureau, je briefe le Bizut sur la réunion « Chine » à laquelle il doit accompagner Fred :

– Dans un mois, on part en Chine. Il faut que tu ailles avec Fred à la réunion de cet après-midi parce que j'en ai une autre en même temps. Je vous rejoindrai sur place vers dix-sept heures.

– Comment dois-je faire avec le maire adjoint ? Je le connais très peu, me demande le Bizut.

– Tu pars avec un handicap de taille. Fred est hétéro. Par conséquent, il n'a pas envie de coucher avec toi, ce qui est de nature à nuire à votre relation de « travail ». Je ne vois qu'une solution : flatte son ego. Il est suffisamment surdimensionné pour que tu puisses trouver un petit coin où passer la brosse à reluire. Pour le reste, il n'y a rien à faire, le projet de protocole est déjà rédigé. Un peu de nodding et le tour est joué.

Le Bizut hausse un sourcil circonspect :

– Du nodding ?

– Hoche la tête à intervalles réguliers en prenant l'air intéressé par les âneries que tu entends. Tant que tu y es, fais semblant de prendre des notes… et si tu peux éviter de le laisser trop parler, ce sera encore mieux.

– Tu penses que le pire qu'il puisse faire, c'est de sortir un contresens devant les Chinois lorsqu'il signera l'accord ? demande le Bizut.

C'est navrant. Au moment où je pense qu'il a évolué, je réalise que tout mon travail d'éveil à la critique est resté vain. Je décide d'éclaircir les choses :

– Ce qu'il peut nous faire de pire, c'est de nous accompagner en Chine et de se faire pincer le pantalon aux chevilles en compagnie d'une jeune femme qui, après enquête, se révèle être mineure.

Le Bizut blêmit.

– Tout de suite je te sens moins inquiet à l'idée qu'il confonde efficacité et efficience. Tu n'imagines pas à quel point je suis ravie que nous n'ayons pas de coopération avec la Thaïlande !

– Qu'est-ce qu'on va faire ?

– J'ai ma petite idée.

17 h 30

J'envoie le Bizut nous chercher un café et commence à discuter avec Fred.

– J'ai récemment examiné de près vos états de frais et j'avoue avoir quelques difficultés à comprendre pourquoi M. Sapin a été réglé en liquide lors de vos missions en Chine.

Nullement gêné, Fred hausse les épaules et desserre sa cravate :

– Des difficultés ?

– Vos états de frais mentionnent trois paiements de 2 500 euros chacun avec l'unique mention « Sapin ». Il n'y a aucun détail, ni aucune facture.

– Zhora, ne soyez pas si pointilleuse ! Allez, à vous, je peux l'avouer, M. Sapin ne me fournit pas que des expertises, si vous voyez ce que je veux dire, m'explique Fred.

Malheureusement, depuis que j'ai eu Sapin au téléphone, je suis exactement au fait de ce que tu veux dire, vieux pervers.

– Ne vous inquiétez pas, je fais tout passer en frais de déplacement, rajoute-t-il en me gratifiant d'un clin d'œil entendu.

Je suis pleinement rassurée. Moi qui me faisais justement du souci pour les finances personnelles de mon élu, Fred l'effeuilleur-des-fleurs-du-mal.

– Je suis humain, conclut-il.

Voilà qui renforce ma confiance en l'humanité. Je jette un œil à Cyrille qui fait toujours la queue à la machine à café et décide que c'est le bon moment pour flanquer la trouille au pervers qui me sert d'élu.

– Monsieur Mayer, si le juge financier découvre que vous avez payé des prestations que je qualifierais de « non prévues dans le contrat initial », personne ne vous couvrira. Et soyez bien sûr qu'il finira par le découvrir. Notre direction est actuellement inspectée et la personne mandatée est connue pour être extrêmement tatillonne.

– En cas de problème, le maire…, proteste-t-il.

– … ne vous soutiendra pas. Au contraire, je le soupçonne de tout faire pour que vous ne figuriez pas sur sa liste aux prochaines élections.

– J'ai de très bons rapports avec Monsieur le maire. C'est précisément pour cela qu'il m'a confié la gestion du dossier Jilin, se défend-il.

Comment expliquer diplomatiquement à un élu que le Don lui a justement refilé ce dossier pour qu'il le plante et avoir ainsi une bonne raison de l'évincer de l'équipe ?

Bad cop, good cop. C'est le moment de le flatter utilement.

– Il me semble que ce dossier n'est pas très valorisant pour vous. Nous avons énormément à faire sur d'autres dossiers relevant directement de votre compétence et peut-être serait-il judicieux de laisser l'élu en charge des relations internationales gérer les dossiers internationaux. Les citoyens y verraient plus clair, ce qui serait positif pour vous. Il est important que chaque habitant ait une vision précise du rôle de ses élus, ne croyez-vous pas ? Ce serait plus valorisant pour vous qu'Hugues Roche soit en charge du dossier « Chine »…

… afin qu'on ne soit pas définitivement bannis de la Chine, voire de toute l'Asie.

– Vous avez raison, je ne sais effectivement pas comment ferait le maire si je n'avais plus assez de temps pour m'occuper suffisamment du Protocole, m'explique-t-il, annihilant tout espoir de ma part de le voir faire preuve d'un semblant d'humilité une fois dans sa vie.

Mercredi 24 janvier

9 h 30

The Boss nous convoque en réunion de service extraordinaire pour nous présenter Jean Dorset, inspecteur général de son état. Rigide dans son costume trois pièces, son imperméable à la main, il a la tête du vieux garçon qui, chaque dimanche soir, repart de chez ses parents avec une pile de Tupperware contenant les petits plats cuisinés avec amour et Végétaline par Môman.

– M. Dorset est chargé d'évaluer l'action des services de la collectivité. Je vous demande de lui réserver un bon accueil et de lui donner tous les documents dont il aura besoin.

– Je passerai dans vos bureaux tout au long de la semaine, par ordre alphabétique. À chaque fois que j'aurai achevé une inspection, je mettrai une croix dans la case correspondant à votre nom, explique-t-il en dégainant un tableau Excel qu'il scotche au mur de la salle de réunion. Je commencerai donc par travailler sur les dossiers de M. Dugain.

Pierre-Gilles jouant une fois encore l'Arlésienne, Paloma commence à s'agiter comme un sémaphore sous le nez de Clouzeau :

– Sí, Pierre-Gilles est au seminario sur fonds structurels. Je vais vous enseñar les dossiers, explique-t-elle avec enthousiasme, avant d'attraper Clouzeau par la manche et de l'entraîner vers le bureau de son chef, sans prêter attention à l'expression outrée de l'inspecteur qui n'a probablement jamais approché une femme d'aussi près.

Alors que je me régale du spectacle, The Boss surgit derrière moi, Coconne sur les talons.

– Je voulais vous demander : sur la coopération avec Changchun, vous avez du nouveau ?

– Fred Mayer a décidé de laisser Hugues Roche gérer le dossier.

– Fantastique ! Tout peut un jour arriver, y compris qu'un acte conforme à l'honneur et à l'honnêteté apparaisse en fin de compte comme un bon placement politique, comme le disait de Gaulle, déclame The Boss solennellement.

– *Charles* de Gaulle ? demande Coconne.

Non, Robert de Gaulle.

The Boss prend une large inspiration :

– Lui-même. Coralie, pouvez-vous nous laisser seuls un moment, je vous prie ?

The Boss attend que Coconne se soit exécutée de mauvaise grâce et se tourne vers moi :

– C'est vous que je dois remercier pour le ménage dans les dossiers ? Et je ne parle pas uniquement de mon bureau…

– Je n'étais pas seule. Parfois, le travail d'équipe fait des merveilles.

The Boss hoche la tête gravement :

– Ça me désole de le réaliser à J-12 de mon départ.

– Ça aurait changé votre décision de quitter la direction ?

– Non, quatre ans dans cette mairie, c'est le maximum que l'on puisse faire si l'on veut avoir une chance d'en sortir indemne.

– Vous prêchez une convaincue.

14 h 45

Cinquième chaîne mail que Coconne me transfère depuis le début de la semaine. Les deux premières m'informaient aimablement de la future suppression de mon compte MSN et des pilleurs de reins à la sortie des supermarchés. Les deux autres me menacent, ainsi que mes futurs descendants jusqu'à la septième génération, d'une épidémie de peste bubonique si je n'envoie pas la chaîne à l'intégralité de mon carnet d'adresses et me rendent directement responsable par mon inaction de la disparition de je ne sais quelle gamine malgache. La culpabilisation numérique, ça va deux minutes. Alors que je m'apprête à aller voir Coconne, Clouzeau et The Boss débarquent dans mon bureau.

– Vous l'avez vue lors de la réunion de ce matin, mais je vous présente officiellement ma chargée de mission transversale, Zoé Shepard, annonce The Boss. Si vous avez des questions sur le fonctionnement du service pendant les deux jours où je serai absent, elle sera la mieux à même de vous renseigner.

The Boss avise ma table de travail et ne semble nullement étonné de me voir entourée de documents comptables, l'écran de mon ordinateur empli de tableurs Excel, alors que je lui ai remis l'analyse budgétaire de la direction la veille.

– Je dois partir, explique-t-il en me laissant seule avec l'inspecteur qui balaie mon antre du regard et s'assied, droit comme un I et apparemment très mal à l'aise.

– Vous êtes administratrice territoriale, c'est ça ? finit-il par demander.

– Exactement.

– J'ai songé moi aussi à passer le concours d'entrée à l'ETA, m'apprend-il.

L'ETA n'ayant été créée qu'il y a une quinzaine d'années, je tente de masquer mon air incrédule. Je lui donne au minimum cinquante ans, mais peut-être fait-il partie de ces personnes qui, même à vingt ans, avaient l'air vieux ?

– En interne, précise-t-il.

Il n'a pas seulement l'air vieux. Il l'est bel et bien.

165

– J'ai commencé à vérifier les dossiers et certains points me gênent, m'explique Clouzeau tandis que je me décompose sur ma chaise en tentant de me remémorer les dossiers les plus sensibles.

– Vraiment ?

– Oui. Par exemple, les dossiers de M. Breton sont classés dans des dossiers rouges, mais aussi dans des dossiers bleus et verts, développe-t-il.

– En quoi est-ce gênant ?

– Il n'y a aucun classement par couleur, s'insurge-t-il.

Ne me dites pas que nous avons passé plus de vingt heures à nous assurer que les dossiers comportaient toutes les pièces justificatives possibles et imaginables, pour que l'inspection porte sur les couleurs des chemises dans lesquelles sont classés les dossiers ?!

Je prends une large inspiration et commence à expliquer :

– Mme Montaigne commande des chemises au service des fournitures de la mairie et la direction de la Commande publique nous donne ce qu'elle a, sans distinction de couleur. Ce qui compte, c'est l'étiquette qui se trouve sur le dossier, pas la couleur. Les dossiers sont classés par armoire, mais au sein d'une même armoire, nous ne prêtons aucune attention à la couleur des chemises dans lesquelles ils sont.

– Mais c'est très ennuyeux, voyez-vous. J'accorde beaucoup d'importance à la rigueur du classement des dossiers. Le classement par couleur est idéal, vous ne pensez pas ? insiste-t-il.

Oui. Probablement. Lorsqu'on a six ans et que l'on range ses feutres.

9 h 35

Je suis tellement en retard que Coconne n'est même pas là à m'attendre, son air désapprobateur de circonstance, devant l'entrée du service. Tout en me dirigeant vers mon bureau, je tente de reprendre mon souffle, lorsque la vision pour le moins incongrue de The Boss assis en tailleur sur la moquette de son bureau et entouré de trois piles de dossiers frôlant les deux mètres chacune, me fait piler net devant sa porte. J'oublie que mon teint écarlate et mes cheveux en bataille sont de sérieux indices de mon retard et contemple, interdite, les trois tas de couleur. The Boss finit par lever les yeux :

— M. Dorset est en train de rédiger son rapport d'inspection. Si je ne reclasse pas les dossiers par couleur, il rajoutera, je cite, « un paragraphe désobligeant », râle-t-il.

— Ça aurait pu être bien pire.

The Boss ajoute un dossier sur la pile des rouges et soupire :

— Je sais, mais ça fait quand même chier.

— Certes.

Alors que je commence à me replier vers mon bureau, la voix de The Boss m'interpelle :

— Zoé, avez-vous déjà songé à mettre *deux* réveils ?

Clouzeau erre de bureau en bureau, absolument désœuvré. Cela fait déjà deux fois qu'il vient me voir pour me poser une question d'un intérêt aussi relatif que la composition des moquettes de bureau et la marque de la bonbonne d'eau. Il repasse devant mon bureau et je sais que l'inévitable va arriver : il va forcément revenir me voir, malgré tous mes efforts pour avoir l'air en plein travail.

Effectivement, moins de deux minutes plus tard, Clouzeau entre dans mon bureau et me regarde avec gravité :

– Je me pose une question, commence-t-il. Les armoires ne sont pas de la même marque que les bureaux. Lorsqu'on passe un marché public de fournitures, il est courant que ce soit le même fournisseur qui soit retenu, à la fois pour les bureaux, les armoires et les sièges. Et là, ce n'est pas le cas.

C'est incroyable les questions à la con que ce type est capable de se poser.

– Les bureaux et les sièges ont été commandés il y a une dizaine d'années. Il y a trois ans, le service a changé d'étage et ne disposait plus de placards intégrés pour ranger les dossiers. Des armoires ont donc été commandées, lors d'un autre marché qui a été remporté par une autre société.

– C'est intéressant.

Pas vraiment, mais tout est relatif, après tout. Comme s'il avait réellement besoin d'un argument supplémentaire pour me convaincre de sa débilité, l'inspecteur Clouzeau se plante devant mon bureau, bouche ouverte, regard vide.

– Qu'y a-t-il ?

– Vous… je… il me semble que… je crois bien que vous m'avez indiqué les toilettes pour femmes tout à l'heure.

– Ce sont des toilettes mixtes.

– Comment ça ?

– Pour les femmes ET les hommes.

– C'est pour ça qu'il y a les deux pictogrammes sur la porte, réalise-t-il avant de tourner les talons.

Que veux-tu, mon pauvre inspecteur Clouzeau, ici, on ne classe rien, tout est mélangé.

Mercredi 31 janvier

11 h 45

Cette fois, c'est vraiment la fin. La fin du mois de janvier, la fin de l'inspection de notre service sur un rapport élogieux à faire rougir le plus consciencieux des fonctionnaires, la fin du directorat de The Boss, la fin des haricots.

Alignés contre le mur, condamnés à la fusillade future de notre service, nous assistons, l'air sombre, au pot de départ de The Boss, tandis que l'air béat de Simplet montre qu'il a du mal à se remettre d'avoir été nommé calife. Le Don s'avance et tend à The Boss une boîte rectangulaire :

– Nous avons cherché quelque chose qui vous correspondait, explique-t-il, radieux, en tendant son cadeau à The Boss.

Lequel finit par extirper du paquet-cadeau une tasse à café.

– Une tasse ? interroge-t-il d'un ton incrédule avant de se tourner vers le Don pour avoir confirmation que notre maire est persuadé que l'objet le plus susceptible de lui correspondre est une tasse à café.

– Nous avons beaucoup réfléchi, explique le Don qui, s'il continue de s'enfoncer, ne devrait pas tarder à trouver du pétrole.

J'aimerais vraiment savoir comment les trous noirs cérébraux du Cabinet font pour avoir des idées aussi gratinées. Le pire de tout, c'est que cette tasse, ils ne l'avaient pas en réserve dans l'armoire « horreurs à offrir » et n'ont pas tenté de la refiler à The Boss en bidouillant une excuse rétroactive. Tandis que notre futur ex-directeur nous la fait admirer, comme il se doit, le ticket de caisse tombe aux pieds de The Boss qui le ramasse discrètement et grimace : la tasse coûte vingt-cinq euros trente et a été achetée la veille.

Il y a donc une personne qui, déambulant dans un grand magasin, est tombée en arrêt devant une tasse et a décrété qu'une tasse blanche avec un liseré bleu et une espèce de motif abstrait correspondrait à The Boss.

Cette personne conseille le Don. Et pas uniquement sur les présents à offrir aux directeurs qui réussissent à s'échapper de la collectivité. Cette personne conseille le Don sur le choix de ses politiques et la bonne gestion des deniers publics.

Et The Boss est remplacé par Simplet du Cabinet.

Qu'allons-nous devenir ?

Avant même que je n'aie le temps de me lamenter sur notre sort et celui de la fonction publique, le Don réclame le silence pour faire l'éloge de The Boss.

Lorsque le Don doit faire un discours, il arrive généralement avec un script censé lui éviter de passer pour le dernier des abrutis. Malheureusement, l'un de ses grands problèmes est qu'il décide souvent d'insérer sa petite touche personnelle dans le discours qu'il doit lire.

Afin de le rendre plus humain.

Et selon la logique du Parrain, il n'y a rien de tel qu'un petit « malgré que » ou un joli « pallier à » pour rendre un discours nettement plus humain. Quoiqu'une bonne grosse formule d'un lyrisme dégoulinant humanise bien un discours technocrate.

Le Don s'avance donc pour régurgiter l'infâme patchwork de nov'langue administrative et de personal touch grotesque qu'il appelle « mon discours ».

Il commence bizarrement par nous présenter le parcours professionnel de The Boss, ébranlant l'impression que j'avais, à savoir qu'il s'agissait d'un discours de départ et non de la présentation d'un nouvel arrivant.

Après avoir écorché à peu près tous les noms des organismes dans lesquels The Boss est passé, il annonce doctement :

– La question qui se posait à votre arrivée était de savoir comment assurer décloisonnement et transversalité.

Les yeux de The Boss s'humidifient. Peut-être à cause de la tasse qu'il vient de regarder plus attentivement, mais aussi parce qu'après quatre ans passés à la tête du service, il vient enfin d'apprendre quelle était sa mission.

Mission dans laquelle il a lamentablement échoué, tant la question se pose toujours.

La continuité du service public est aussi celle des insurmontables problèmes qui ne se résoudront jamais, comme celui d'amener plusieurs services à travailler efficacement ensemble. Le Don décide ensuite d'improviser :

– Je crois que vous avez été apprécié, décrète-t-il sans trop se mouiller.

Puis il s'arrête. Comme l'assistance continue de le fixer d'un regard vitreux, il se tourne vers l'un de ses serfs et esquisse un sourire coincé. Le serf comprend avec une vitesse qui m'épate : l'attente était réservée aux rires que devait évidemment provoquer cette plaisanterie d'un goût exquis.

Dépité, le Don revient à sa feuille :

– C'est une personnalité qui part. Vous avez effectué un travail magnifique, notamment dans le domaine international, ânonne-t-il sans cependant préciser que The Boss n'a jamais pu faire comprendre au Cabinet que les lettres envoyées par des pays asiatiques devaient être dirigées vers le pôle International et non le pôle Europe.

Il est des défis qui, malgré toute la bonne volonté du monde, ne seront jamais relevés.

En guise de conclusion, le Don décide de roder discrètement le discours de sa campagne électorale. Ni vu ni connu, quelques chiffres par-ci, quelques réalisations effectuées par-là...

Après de tièdes applaudissements des serviles de la collectivité, vient le discours de The Boss qui, sa tasse à café d'une main, son antisèche de l'autre, commence à remercier le Don de lui avoir fait confiance, avant de conclure :

– J'espère avoir réussi à faire comprendre que le pôle Affaires internationales n'était pas une agence de voyages.

Je pense que oui. Que ce soient les services ou les élus, tous ont rapidement compris que, contrairement à une agence de voyages, la collectivité leur permettait de voyager *gratuitement* à travers le monde.

Mission accomplie, The Boss. Pars en paix !

Février

China Calling

On voyage pour changer, non de lieu, mais d'idées.

Hippolyte Taine,
Les Origines de la France contemporaine

Lundi 5 février

10 h 00

– Qu'est-ce que tu écoutes ? demande le Bizut en pointant mon iPod du doigt.

– The Boomtown Rats, *I Don't Like Mondays*, ça me semble approprié, surtout aujourd'hui.

– Pourquoi « surtout aujourd'hui » ?

– Pour ça.

Je fais pivoter le Bizut vers la porte de la salle de réunion au moment où Grand Chef Sioux débarque pour procéder à l'intronisation de Simplet du Cabinet.

– J'ai l'immense honneur d'introduire dans ses fonctions de directeur général des Affaires Internationales et Européennes M. Nicolas Baudet qui, j'en suis sûr, fera preuve d'un engagement profond en pénétrant ce nouvel univers. Je suis persuadé qu'il éprouvera beaucoup de plaisir à travailler au sein de cette direction, annonce notre DGS.

Son discours est truffé de métaphores sexuelles ou je rêve ? De deux choses l'une : j'ai l'esprit encore plus tordu que je n'ose l'admettre, ou Grand Chef Sioux est possédé par un esprit lubrique. Je jette un coup d'œil à la dérobée au reste du service et l'air hilare de Léon me rassure immédiatement sur mon degré de perversion.

– Tu penses la même chose que moi ? chuchote Léon.

– Si tu penses que présenter la direction du service comme une source probable d'orgasme est particulièrement gonflé, alors oui, nous pensons la même chose.

Fantasmant déjà sur un destin à la hauteur de son titre pourtant largement usurpé, Simplet s'avance solennellement :

– J'ai de grandes ambitions pour ce service, commence-t-il, la poitrine gonflée de l'orgueil des médiocres qui s'ignorent. Le plus important est de lui trouver un nom qui soit à la hauteur de ce que je… enfin, de ce que nous allons y accomplir.

Dois-je en conclure qu'à partir d'aujourd'hui nous travaillons tous officiellement à la Direction générale de l'Apathie et de la Glandouille ?

– J'ai pensé à « Direction International et Europe », nous annonce-t-il, la voix altérée par l'émotion.

DIE. Mourir.

Magnifique.

Ça reflète parfaitement l'avenir d'une direction managée par Simplet.

– Enfin, bon, ça change quand même pas grand-chose, fait remarquer Coconne, que je pourrais embrasser tant son courage m'épate.

– Mais si, ça change tout. Cette direction sera tournée vers l'innovation, le progrès, la modernité, s'enthousiasme Simplet tandis que l'intégralité du service le regarde, mi-amusée, mi-atterrée.

– Bof, conclut Coconne, que je songe à débaptiser tant elle exprime à voix haute ce que nous pensons tout bas.

– Que de beaux projets en perspective…, achève Simplet, manifestement oublieux de nos ricanements de moins en moins discrets.

Il fond sur Alix et l'attire à l'abri présumé des oreilles indiscrètes, derrière la colonne contre laquelle je suis appuyée. J'hésite entre écouter le tissu de niaiseries qu'ils vont s'échanger et les prévenir qu'une colonne n'a jamais eu vocation à insonoriser quoi que ce soit. Hésitation balayée par la première phrase de Simplet qui me fait me coller contre le pilier en tendant l'oreille.

– Alors, comment j'ai été ? interroge-t-il anxieusement.

La réponse d'Alix manque de me faire trahir ma présence par un ricanement incontrôlé.

– Brillant. Je crois que tu les as beaucoup impressionnés. Tu étais professionnel, motivé, motivant, un vrai leader.

Elle parle de Simplet, ou Martin Luther King les a rejoints derrière la colonne ?

Vendredi 9 février

9 h 05

J'avais bien besoin de ça.

Un entretien individuel de présentation avec Simplet dès neuf heures du matin.

Ou comment réunir deux personnes qui n'ont absolument rien à se dire pendant une très longue demi-heure.

On m'aurait organisé un *blind date* avec un fervent défenseur de la chasse que ça ne pourrait pas être pire. Et encore, dans ce cas, je pourrais me défiler en prétextant un empêchement de dernière minute, une aïeule malade, un chat dépressif, alors que là, je suis coincée.

Lorsque j'arrive, Alix est dans le bureau de Simplet, BlackBerry et air arrogant de sortie. Qu'est-ce qu'elle fiche là ? Les entretiens individuels entre un directeur et son personnel sont, comme leur nom l'indique, individuels. Une conseillère technique de cabinet n'a rien à y faire.

Sauf si le trône de The Boss est finalement trop grand pour le famélique postérieur de Simplet et qu'il a décidé de le partager avec Alix.

Vision d'apocalypse immédiatement confirmée lorsque Simplet prend la parole :

– Assieds-toi, on va discuter tous les trois.

J'aurais dû me douter que Simplet faisait partie du gang des tutoyeurs adeptes de l'approche « je suis ton ami avant d'être ton patron ». Sa démagogie étant probablement proportionnelle à sa lâcheté, je le soupçonne, en cas de problème, d'être le premier à désigner du doigt son subalterne comme responsable d'un fiasco avant de courir se mettre aux abris.

– Tu veux du café ? propose-t-il.

Du cyanure, plutôt. À ras bord, la tasse, merci.

– Non, merci.

– Avec Alix, on s'est dit que ce serait bien que tu nous bilanises ton action au sein de la direction.

Ce serait bien que je quoi... ?

– On t'écoute, m'encourage Alix, comme si mon silence était la manifestation d'un légitime complexe d'infériorité face à ces deux génies de la territoriale.

En me focalisant sur mon premier tiers d'impôts, j'arrive à m'empêcher de lever les yeux au ciel, mais ne réussis pas à ôter l'incrédulité de ma voix lorsque je demande :

– Vous voulez que je bilanise mon action au sein de la direction ? Bilaniser signifiant « dresser un bilan de », je présume ?

– Exactement, répond Simplet, ravi de me voir coopérer.

Tandis que je commence à décrire mes fonctions en me félicitant d'avoir une imagination créatrice facilement mobilisable, Alix tend à Simplet une feuille et un stylo et lui fait signe de prendre des notes. Un directeur scribe d'une conseillère technique de la mafia latrinesque… intéressant… hautement terrifiant, également.

– Ce doit être un boulot énorme, remarque Simplet, dégoulinant de fausse compassion lorsque je finis de décrire le dossier « Chine ».

Simplet, tu n'imagines pas à quel point. Avec quatre heures de boulot par semaine, j'ose dire, sans exagérer, que je frôle le surmenage.

Le couple de Judas tutoyeurs se penche soudain vers moi et il ne manque plus que la lampe aveuglante braquée sur mon visage pour parfaire l'ambiance « tout ce que vous direz pourra et sera retenu contre vous ».

– Alix pense…, commence Simplet.

Alix le fusille du regard. La pomme d'Adam de Simplet commence à s'activer à une allure si vive que je ne serais pas étonnée de voir du cidre lui couler des naseaux. Je me surprends à m'étonner qu'il ait encore des caractères sexuels masculins, alors qu'il est évident qu'Alix retient sa paire de testicules en otage. L'idée même que dans cette diarchie de bras cassés ce soit Alix le cerveau me fait légitimement frissonner et la discussion qui s'ensuit n'est pas de nature à me rassurer.

D'une voix de fausset, Simplet reprend :

– Nous pensons que les process doivent être rationalisés.

Effectivement, ce type de pseudo-pensées à la con ne peut venir que d'Alix.

– Il faut absolument globaliser les inputs, rajoute la grande penseuse. C'est un énorme chantier.

Simplet hoche la tête servilement tandis que je me demande si ma prochaine tâche sera de la rationalisation de process ou de la globalisation d'inputs. Challenges ô combien passionnants et surtout utiles, s'il en est.

– Tu pars en voyage en Chine le 18 ? C'est ça ? demande Simplet.

« Mission technique », pas « voyage », Simplet. Ceci dit, nous avons pour le moment si peu de réunions de travail qu'il n'est pas forcément nécessaire de corriger.

– Il va falloir organiser une campagne d'emailing pour annoncer la création de l'antenne. Et des journalistes, commence à s'exciter Alix. Quand aura lieu l'inauguration ? Il faut que ce soit rapide. Les municipales auront lieu dans un an et quelques, c'est-à-dire demain. Il faut que cette année soit grandiose !

– Grandiose, répète Simplet, subjugué. Je veux un étage entier dans un des plus grands bâtiments de la ville.

Simplet, on ne dit pas « je veux », mais « je voudrais » et, en l'occurrence, tu ne l'auras pas. Moi, je veux que le Don te vire, et ça non plus je ne l'obtiendrai – pour le plus grand malheur du service public – pas.

– Et une équipe de cinq... non, de dix personnes, des ordinateurs neufs...

Évidemment ! Et des danseuses du Crazy Horse en guise d'hôtesses d'accueil.

– Peut-être n'avez-vous pas lu ma note de cadrage budgétaire ?

Simplet me lance un regard d'une vacuité qu'une vache trisomique ne renierait pas et je réalise qu'il n'a vraiment pas usurpé son surnom.

– Ta quoi ?

– Ma note de cadrage budgétaire, validée par la Direction des finances. Pour résumer, nous disposons de 25 000 euros pour monter cette antenne, soit de quoi payer le salaire d'un VIE et l'installer dans un bureau au sein d'un open space.

Simplet se décompose et regarde Alix avec une anxiété parfaitement justifiée : si elle constitue son plus grand espoir, il est officiellement fichu.

– Mais comment allons-nous inaugurer un bureau dans un open space ? se désespère-t-il.

Bah, en rationalisant une poignée de process, en globalisant quelques inputs et en bilanisant le tout, on devrait y arriver.

J'arrive en courant au point de rendez-vous fixé au Bizut et le trouve en grande conversation avec deux vieux croulants que j'identifie comme ses parents. La mère, qui a l'air au trente-sixième dessous, fond immédiatement sur moi :

– Vous êtes Mme Shepard ? Cyrille nous a tellement parlé de vous. Je suis sa maman, Catherine Jardin.

– Enchantée.

Tandis que je serre la main du père – « Charles Jardin, ravi de faire votre connaissance » –, la mère continue :

– Madame Shepard, je vous confie mon bébé, prenez-en soin surtout, recommande-t-elle en épongeant une larme avec un mouchoir brodé.

Je jette un coup d'œil en coin à Bébé qui a viré écarlate de honte et me retiens de faire remarquer à l'éplorée qu'avec ses vingt centimètres et ses trente-cinq kilos de plus que moi, la fragilité de Bébé peut être sujette à caution.

– Tu as bien ton passeport et ton Nausicalm ? demande-t-elle.

Super, il ne manquait plus que ça, Bébé est malade en avion.

– Écoute, Cyrille, je crois qu'il vaut mieux confier tes papiers à Mme Shepard, tu es tellement étourdi que tu risques de les égarer, décide-t-elle.

Elle arrache le passeport et les billets d'avion des mains de son fils et me les tend avec une épaisse écharpe.

– Il fait toujours frais dans ces avions et je ne veux pas qu'il m'attrape un rhume, m'explique-t-elle.

Devant un Bizut de plus en plus cramoisi, elle se lance dans un impressionnant inventaire des affaires qu'il fait manifestement suivre en Chine. À croire qu'on part pour deux mois camper en pleine campagne chinoise.

– Croyez-vous que j'aie oublié quelque chose ? demande-t-elle anxieusement après avoir cité à la volée un thermomètre, une couverture de survie et une lampe de poche.

– Cela me semble très complet, je ne vois pas ce qu'il manque.

Le père du Bizut s'avance et les adieux déchirants commencent. Le Bizut me lance du regard un SOS et je décide d'écourter son supplice :

– Il va falloir songer à aller faire enregistrer nos bagages ou nous allons finir par rater l'avion.

Lundi 19 février

12 h 30 heure locale

Le Bizut récupère son énorme valise et son sac à dos de randonnée tandis que j'attrape mon sac de voyage, ridiculement petit en comparaison. Je lui tends son passeport et nous commençons à faire la queue à la douane lorsque je le vois dégainer son téléphone.

– Qu'est-ce que tu fais ?

– Ben, j'appelle maman !

– Il est cinq heures du mat' en France !

– Parce que tu crois que me sachant à neuf mille kilomètres, elle a réussi à s'endormir ?! me répond-il, suffoqué. Tu devrais appeler la tienne, suggère-t-il.

– La mienne roupille sur ses deux oreilles.

– Vraiment ?

– Au risque de me répéter : il est cinq heures du mat' en France ! Évidemment qu'elle dort, on ne voyageait pas sur Air Gabon et je ne pilotais pas l'appareil, elle n'a aucune raison de s'inquiéter.

Je vois le Bizut grimacer et m'imaginer grandissant au milieu des Thénardier.

– C'est une réaction normale de mère normale, Cyrille. Nous sommes adultes à présent.

J'arrive au guichet où, derrière son hublot, le clone de Qin Shi Huangdi[1] me fait signe de lui donner mon passeport. Dire qu'il n'a pas l'air aimable est un doux euphémisme. Du coin de l'œil, je vois le Bizut dégainer son appareil numérique et ai à peine le temps de lui envoyer un gigantesque coup de coude dans le ventre.

– Hé ! proteste-t-il.

– Ça va pas de prendre des photos à la douane ?

– Ben quoi, c'est exotique !

– Regarde la tête de Qin Shi Huangdi. Lorsqu'il va demander aux deux sbires qui patrouillent de te coller en prison, je te garantis que tu vas en trouver, de l'exotisme.

– Mais…

1. Premier empereur de Chine dont les réformes constituèrent les fondements de la dynastie Han, et qui laissa l'image d'un tyran cruel et sanguinaire, à l'ambition démesurée, en s'attirant l'opprobre unanime du monde des lettrés pour avoir exécuté certains d'entre eux et avoir tenté d'écraser toute opposition intellectuelle par la proscription des livres.

La voix du Bizut commence à atteindre une octave prépubertaire des plus inquiétantes.

– Range ton appareil ! Mieux, donne-le-moi !

Le Bizut s'exécute tandis que je récupère nos deux passeports, appuie sur le smiley souriant destiné à mesurer notre degré de satisfaction du service douanier chinois – ça devrait les amadouer et faire oublier la vocation de Doisneau de mon collègue – et tire le Bizut par le bras jusqu'à la sortie de l'aéroport. Le mercure ne dépasse pas les cinq degrés et le ciel n'est pas bleu, mais gris de pollution.

– Qu'est-ce qu'on fait maintenant ? me demande-t-il pendant que j'enfile mon manteau et range nos passeports dans mon portefeuille.

– On prend un taxi et on va déposer nos affaires à l'hôtel. Ensuite, on trouve un endroit où déjeuner avant notre rendez-vous avec je ne sais plus quel gugusse à quatorze heures trente, dis-je en l'entraînant dans la file d'attente des taxis.

Nous sommes rapidement pris en charge et tandis que je m'installe sur la banquette arrière, le Bizut s'assied à côté du chauffeur et essaie d'attraper la ceinture de sécurité.

– *May I ask you where the security belt is, please*[1]? demande-t-il avec son plus bel accent anglais.

Le chauffeur hausse un sourcil circonspect.

– *The security belt ?* insiste le Bizut.

Coincé dans une étrange cabine en plexiglas qui englobe tout le siège conducteur de la voiture, notre chauffeur se fend d'un sourire et hoche la tête. *Le Guide du routard* n'avait pas menti, les chauffeurs de

1. « Puis-je vous demander où se trouve la ceinture de sécurité, s'il vous plaît ? »

taxi pékinois ne parlent pas un mot d'anglais. Je tends au conducteur une feuille en chinois lui indiquant l'adresse de notre hôtel, avant de conseiller au Bizut :

– Viens à l'arrière.

– Il y a des ceintures de sécurité ? demande-t-il, plein d'espoir.

– Non, mais aucun des sièges arrière ne s'appelle « la place du mort ».

Nous partons vers le centre de Pékin pendant que l'inventeur du code de la route se retourne dans sa tombe. Pas un feu rouge n'est marqué et les rares fois où il décolle son téléphone portable de l'oreille, notre chauffeur lâche le volant pour boire un breuvage pâle dans un thermos transparent.

Au bout de quarante minutes à errer dans des rues encadrées d'immeubles gris aux façades encombrées de ventilateurs installés dans des sortes de paniers à salade carrés, notre chauffeur pile et sort de la voiture :

– Il va nous dévaliser et nous tuer avant d'abandonner nos corps dans une décharge, pronostique sinistrement le Bizut.

Grand-mère Simone, sors immédiatement de ce corps !

– Non, Cassandre. Ça fait trois fois qu'on passe devant Mao, il est perdu et demande sa route.

Effectivement, cinq minutes plus tard, notre chauffeur revient, avale une rasade de son thermos – pitié, dites-moi vite que ça n'est pas du *baijiu*[1] ! – et fait un demi-tour de toute beauté. Le Bizut blêmit et je ferme les yeux tandis que les voitures à qui notre taxi a coupé la route klaxonnent rageusement. Cinq minutes plus

1. Alcool de riz.

tard, nous nous retrouvons sur le parvis d'un immense building, l'hôtel Novotel de Pékin.

– Novotel, nous informe-t-il avant d'écrire sur un papier le montant de la course : quatre-vingt-dix yuans, soit neuf euros.

Je le règle et réclame :

– *Fa piao*.

– Qu'est-ce que tu lui demandes ? me souffle le Bizut.

S'il ne veut pas t'embaucher comme copilote.

– Un reçu. Comment crois-tu qu'on va se faire rembourser nos frais de déplacement si on n'apporte pas les preuves de ces déplacements ?

Je récupère nos clés à la réception et lance la sienne au Bizut.

– Tu as vingt minutes pour déposer tes bagages dans la chambre et te changer avant notre rendez-vous.

– À quoi sert ce rendez-vous ?

– Strictement à rien, hormis à serrer quelques mains et à nous présenter, ce qui, diplomatiquement, n'est déjà pas mal.

Vingt minutes plus tard, je charge Cyrille de demander à l'accueil de nous appeler un taxi et achète deux canettes de Coca et quatre barres chocolatées au distributeur de l'hôtel.

Autant pour un premier déjeuner typiquement chinois.

14 h 25

Nous arrivons dans un bureau du trente-cinquième étage d'une tour de Pékin et sommes accueillis par un représentant du ministre, doté d'un fort accent américain et d'une surcharge pondérale impressionnante. La seule chose qui, à première vue, le différencie de l'adepte du régime hamburger/bière du Middle West est son costume Hugo Boss et ses Weston impeccablement cirées.

Il m'écoute présenter le projet de la mairie d'installer à Changchun un bureau de représentation de la ville et hoche la tête avec bienveillance à intervalles réguliers. Je présente les élus impliqués dans le partenariat et m'attarde avec une fierté particulière sur notre très sinophile Frédéric Mayer sans lequel la coopération n'aurait pu voir le jour. J'oublie de préciser que depuis les quelque quatre mois que nous avons relancé la coopération et ses deux voyages sur place, il n'a toujours pas réussi à mémoriser le nom exact de notre ville partenaire et s'entête à me demander régulièrement si j'ai des nouvelles « des Chinetoques du Jiangsu ».

Robert Thomson, le représentant du ministre, s'éclaircit la gorge et commence à nous expliquer :

– La Chine est à la mode et vous n'êtes pas les premiers représentants d'une collectivité territoriale à venir me voir. Je pense que c'est une bonne idée d'installer un bureau de représentation, mais il faut impérativement que vous gardiez en tête que les Chinois n'ont pas du tout la même vision que nous du contrat. Ils ont une vision beaucoup plus prosaïque que nous, proche de celle des paysans des années cinquante : je te vends cette vache, allez, tope là. Et la vache est vendue.

Mais qu'est-ce qu'ils ont tous avec les vaches ?!

– La vision chinoise de l'accord est qu'on s'est fait confiance mutuellement et qu'on est vraiment d'accord et engagés l'un par rapport à l'autre. En France, ça n'a rien à voir : nous nous sommes laissé gagner progressivement par la culture méfiante du contrat. Tout est écrit dans le détail, on anticipe sur ce qui peut se produire et qui, naturellement, ne se produit jamais. Bilan des courses : on produit un monument de méfiance de plusieurs centaines de pages qui montre que les deux partenaires ont en réalité le revolver sur la table pour se tirer dessus dès qu'il y a une peccadille. L'attitude « tope là » est de loin la meilleure, explique notre interlocuteur avec enthousiasme.

L'attitude « tope là », la meilleure ? Probablement. Mais pas dans un système juridique où de nouveaux codes toujours plus contraignants sortent des cerveaux malades de personnes pathologiquement pointilleuses.

– Je me vois difficilement vendre la logique « tope là » aux élus, même s'il est vrai que c'est sans doute celle que les Chinois seront le mieux à même d'accepter. Nous estimons les frais annuels du bureau de représentation à vingt-cinq mille euros. Il faut que nous trouvions moins controversé que le « tope là ».

– Vous n'arriverez à un accord que si vous réussissez à instaurer un climat de confiance. Cela implique que vous y consacriez du temps et que vous parliez aux bonnes personnes.

Il se lève et me tend un classeur rempli de cartes de visite.

– La carte de visite est en Chine le premier élément de toute interaction sociale. Pour tisser des *guanxi*, des relations, elle est indispensable. Je vais vous faire photocopier quelques cartes qui vous seront utiles.

– Tu avais raison, on n'a rien appris, se lamente le Bizut dix minutes plus tard lorsque nous nous retrouvons dans l'ascenseur.

– Non, j'avais tort, on a énormément appris au contraire.

– Ah ?

– Thomson vient de nous montrer l'importance des relations personnelles qui garantissent le bon fonctionnement d'une coopération. Je ne pensais pas que c'était à ce point important et, sans lui, on allait droit dans le mur. Il s'agit maintenant de trouver les bonnes mains à serrer si on veut monter le bureau de représentation dans des conditions correctes.

Mardi 20 février

4 h 15 Novotel Pékin, Chine

J'abandonne toute tentative de dormir, grimpe dans la douche et fais couler l'eau. Le Bizut et moi devons nous rendre à cinq rendez-vous, entre neuf heures et dix-huit heures, situés aux quatre coins de Pékin, évidemment.

J'enfile un jean et un tee-shirt et descends dans le hall. Je prends place dans une étonnante file d'attente constituée exclusivement de touristes européens piégés par le décalage horaire et qui patientent devant le distributeur de café. Je remonte avec deux espressos bien serrés et m'installe en tailleur sur mon lit pour récupérer sur Internet les différentes adresses des trois rendez-vous calés à la dernière minute grâce à Robert Thomson.

Par la fenêtre du dix-huitième étage de l'hôtel, j'aperçois la Cité interdite et je réalise que ce sont ces moments-là qui font que je ne lâcherais ma condition de chargée de mission poubelle pour aucun BlackBerry ou siège en cuir de directeur vissé à la mairie.

À 8 500 kilomètres de distance, le fait que Coconne ait oublié de faire nos demandes de visas et que je m'en sois aperçue à J – 5, au détour d'une conversation badine, me paraît presque attendrissant.

Je bois mes espressos cul sec, me connecte à ma boîte mail et confirme à Li que le Bizut et moi arriverons dans la province du Jilin le lendemain en fin de matinée.

8 h 45

J'ai à peine fini d'endosser mon uniforme de « bureautière » sérieuse qu'un grattement inquiet se fait entendre à la porte. Avant de rencontrer le Bizut, j'ignorais qu'il existait autant de nuances pour frapper à une porte.

– Entre, Cyrille, c'est ouvert.

Il me rejoint, en costume, sa cravate à la main.

– Je sais pas la nouer, avoue-t-il en me la tendant.

– Et comment tu fais d'habitude ?

– Le week-end, maman me lave mes chemises, je les repasse et papa me fait les nœuds de cravate. Je n'ai plus qu'à les enfiler et resserrer le nœud.

– Ça a l'air sympa les week-ends chez toi. Tu sais repasser, mais tu ne sais pas faire un nœud de cravate ?

– Oui et non.

– Et qu'est-ce qui te fait croire que je sais nouer une cravate ? Dois-je me mettre de profil pour te prouver que je suis une fille ?

Le Bizut hausse les épaules pendant que je me connecte sur Google et entre « nœud de cravate », avant de cliquer sur le lien du site et de lire les instructions au Bizut :

– Remonte ton col de chemise, ferme le bouton et place ta cravate… tu mesures combien ?

– Un mètre quatre-vingt-neuf, pourquoi ?

– Alors tu es considéré comme un homme grand, donc tu places le petit pan de ta cravate au-dessus de ta ceinture. Maintenant, écoute bien, car on va finir par être en retard. Croise le grand pan sur le petit pan. Fais glisser le grand pan sous le petit pan.

– Comment ça, « fais glisser le grand pan sous le petit pan » ?

– Enlève ta cravate et donne-la-moi !

Je ferme ma chemise et commence à croiser les pans de la cravate comme je peux. Au bout de deux minutes de gymnopédies textiles, j'obtiens ce qui s'apparente à un nœud de cravate à peu près correct. Je fais passer la cravate par-dessus ma tête et la tends au Bizut.

– Enfile ça… resserre… Une fois la cravate nouée, le petit pan ne doit pas être visible et l'extrémité du grand pan doit se situer au niveau de la ceinture.

– C'est pas mal, juge-t-il avec un air de fin connaisseur.

– Super, je vais pouvoir adopter le look *preppy* à présent ! Dépêche-toi maintenant, on va finir par être en retard !

Dans le taxi qui nous emmène à notre premier rendez-vous, je briefe le Bizut.

– Alors, en Chine, la coopération décentralisée ne possède pas un ministère dédié, elle ne relève pas, comme en France, du ministère des Affaires étrangères. C'est l'Association d'Amitié du Peuple Chinois avec l'Étranger qui gère la coopération décentralisée au niveau central. Pour les échanges internationaux, la ville a besoin de l'autorisation de la province qui, elle, doit recevoir l'accord de l'Association d'Amitié. D'où notre visite à l'association pour leur expliquer notre démarche.

– Et qu'est-ce qu'on va faire, exactement ?

– Leur expliquer notre démarche, comment nous comptons monter notre bureau de représentation…

– Mais il y a encore énormément de points techniques que nous n'avons pas réglés, objecte-t-il. Nous ne savons pas combien de personnes vont y travailler, ni ce que nous allons y faire précisément.

C'est officiel, ce type ne pourra jamais faire carrière dans la fonction publique territoriale s'il continue à s'attacher à ce genre de détails.

– Cyrille, quelle est ta fonction, exactement ?

– « Chargé de mission coopération », récite-t-il docilement.

– Et qu'y a-t-il d'inscrit sur ta fiche de poste ?

– J'en sais rien, je n'ai jamais vu ma fiche de poste, répond-il en fronçant les sourcils.

– C'est normal et c'est là où je veux en venir. Comme tout le monde dans le service, tu n'as pas de fiche de poste t'indiquant précisément ce que tu dois faire, et pourtant tu es là. Donc, en quoi cela devrait-il être différent pour l'antenne ? Sa fonction est d'être un bureau de représentation. Une fois qu'il sera mis en place, on essaiera de trouver ce qu'on peut y faire.

– Mais on ne va quand même pas dire ça à l'association ou à la chambre de commerce et d'industrie ? Et encore moins à l'ambassadeur ! s'insurge-t-il, dans un sursaut de conscience professionnelle.

– Non, évidemment. La bonne nouvelle est que la pipeautique peut se pratiquer à l'international.

12 h 15

– C'est incroyable, tu avais raison, ils ne nous ont demandé aucun détail précis, reconnaît le Bizut ébahi alors que nous nous dirigeons vers le centre de Pékin pour trouver un restaurant.

Je hausse les épaules et réfrène un bâillement. C'est maintenant que j'irais bien me coucher. Malheureusement, ce n'est pas vraiment au programme de l'aprèsmidi.

– J'aspire à être démentie, tu sais.

– Comment le maire peut-il accepter que nous dépensions les deniers publics pour une structure aussi floue ?

– Le maire est mégalo et n'a pas le sens des réalités.

– Ah bon ?

Depuis plus de trois mois qu'il a été engagé, je m'étonne quand même un peu qu'il ne s'en soit pas rendu compte.

– Contrairement au Don qui n'a jamais ouvert un bouquin de droit administratif de sa vie, je suppose que tu es au courant que le développement écono-

196

mique n'est pas une compétence des communes. Sans compter qu'au vu de la taille des collectivités chinoises, nous sommes des petits joueurs. Les Chinois attendent des réponses adaptées à leurs appels d'offres et une fois sortis de Paris, Lyon ou Marseille, il y a comme qui dirait un souci d'échelle… Et tu crois franchement que les grosses entreprises de notre région ont attendu que notre glorieuse mairie ouvre un bureau de représentation pour faire du business avec la Chine ?

– Pourquoi sommes-nous là, alors ?

Si ses questions existentielles pouvaient attendre qu'on ait trouvé de quoi se mettre quelque chose sous la dent qui ne soit ni du Coca, ni du café, ni un Mars, ça m'arrangerait.

– Pour de mauvaises raisons, de toute évidence. Tiens, ce restau a l'air plutôt sympa, on entre ?

12 h 30

– Depuis le temps que je rêve de manger des nems traditionnels, s'extasie le Bizut pendant que l'hôtesse dépose des serviettes humides chaudes pour que nous nous lavions les mains.

– C'est pas en Chine que tu vas en manger.

– Pourquoi ça ?

– Parce que les nems, c'est vietnamien.

– Tu plaisantes, je mange une fois par semaine dans un restaurant chinois et je commande toujours des nems.

– Et je suis persuadée que les serveurs te parlent en français… ce qui, de toute évidence, n'est pas le cas ici.

– Mais s'il n'y a pas de nems, que va-t-on manger ? se désole-t-il.

Je feuillette la carte et découvre avec ravissement que l'intitulé des plats est en chinois, mais aussi en anglais.

– *Chicken Toes*, lit le Bizut.

– *Toes ?*

– Bah, ce doit être une erreur de traduction. Ils ont voulu écrire « chicken wings », décrète Cyrille.

La seule pensée d'une assiette d'ailes de poulet me fait saliver et je ne cherche même pas à savoir si l'intuition du Bizut est fondée.

Dix minutes plus tard, la serveuse dépose devant nous deux assiettes recouvertes d'une cloche qu'elle soulève d'un geste gracieux, dévoilant une vingtaine de pattes de poulets – ergots et poils inclus – napées d'une sauce orangée.

Misère ! Nous sommes tombés sur les seules personnes chinoises de Pékin qui maîtrisent l'anglais.

– Je suis sûr que ça peut être bon, déclare bravement le Bizut avant de prendre ses baguettes et d'introduire une patte de poulet dans sa bouche.

Ses yeux se mettent immédiatement à larmoyer et il fait signe à la serveuse de venir :

– *Can I have a glass of water, please ?* demande-t-il, manifestement incapable de déglutir.

La serveuse revient et pose deux verres d'eau bouillante à côté de nos assiettes. Pendant que je fais tourner une cuillère dans le verre pour accélérer son refroidissement – il est hors de question que j'avale de l'eau chaude si on ne me fournit pas de café lyophilisé avec –, j'aperçois du coin de l'œil mon Bizut qui commence à décompenser et je me sens soudain incapable de lui dire quoi que ce soit de drôle ou de réconfortant.

– Zoé ? Regarde !

Le Bizut a réussi à déglutir et m'indique à présent un gâteau sous cloche placé sur le comptoir du restaurant.

– Il a l'air comestible, non ? demande-t-il.

– L'air, oui. À ton avis, ça fait combien de temps qu'il est là-dessous ?

Je m'approche du comptoir, passe mon doigt sur la cloche de verre et retourne à la table montrer mon index gris foncé au Bizut.

– Oublie le gâteau. Je suis sûre que l'ambassade a des distributeurs de bouffe dans ses locaux. On va s'en tenir à un strict régime de Coca/Mars.

– Super équilibré…, râle-t-il.

– Tu ne vas pas attraper le scorbut en une semaine, ne t'en fais pas.

Jeudi 22 février

12 h 45

L'hôtesse de l'air nous offre une lunch box que le Bizut commence à ouvrir avec enthousiasme. Manifestement, les pattes de poulet de la veille ne l'ont pas vacciné. Le contenu de la boîte, en revanche…

– À ton avis, qu'est-ce que c'est ? me demande-t-il en extirpant un papier de bonbon.

– Aucune idée. Ouvre.

Il déballe le paquet et en sort un rectangle marron brillant qu'il commence à croquer, avant de grimacer et d'annoncer :

– Ça ne serait pas ça, le canard laqué ?

– Ça a goût de canard ?

– Pas franchement, mais en tout cas c'est laqué, aucun doute là-dessus…

– Et c'est bon ?

– Non, dit-il en crachant discrètement le bout de rectangle dans une serviette à l'effigie de la compagnie aérienne.

– « Un Mars et ça repart » ?

– Je ne croyais pas que je dirais ça un jour, mais je mangerais bien des haricots verts…

Je lui tends la barre chocolatée récupérée au distributeur de l'hôtel :

– Comme pour le boulot, Cyrille. Fais semblant !

– Comment ça, « fais semblant » ?

– Prétends que je viens de mettre devant toi une assiette de haricots verts… Attention, il y a le caramel de tes haricots qui est en train de couler sur ta chemise.

16 h 30

Installée à la gigantesque table de réunion qui rassemble tous nos partenaires chinois, je réalise à quel point la parité est un concept occidental. Non seulement je suis la seule femme, mais personne ne m'adresse la parole, les participants mettant apparemment un point d'honneur à ne parler qu'au Bizut qui, la joue appuyée sur sa main, cuve son décalage horaire.

Je comprends rapidement que mon salut ne viendra pas de lui et commence à répondre aux questions qui lui sont posées, au grand désarroi de la délégation chinoise qui manifestement a du mal à admettre qu'une femme puisse être dotée d'un cerveau en état de marche.

Lorsque j'ai fini, Li lance une présentation Power-Point censée représenter nos axes de coopération. Les quinze premières diapositives montrent un pré vert fluo sur lequel évoluent des vaches apparemment arrivées sur place par la grâce de Photoshop. L'une d'elles lévite nettement et se rapproche dangereusement du ciel d'un bleu électrique particulièrement criard.

– Nous comptons nous lancer dans l'élevage de pies rouges des plaines, m'explique Li.

– Des pies ? Alors pourquoi nous montrent-ils des vaches ? me souffle le Bizut en se frottant les yeux.

– C'est une race de vache laitière. Blanches avec des taches marron, je crois. Pas celles qu'ils nous montrent sur leur PowerPoint, mais comme, en vérité, les vaches volantes n'existent pas, je suppose qu'on n'est plus à un détail près.

Mon téléphone vibre et je reconnais le numéro de la mairie. Je m'excuse et file dans le couloir :

– Allo ?

– Zoé, c'est Coralie Montaigne. Je voulais savoir où vous avez mis le dossier bleu, vous savez, celui du projet de service, parce que je dois faire une pho-tocopie du questionnaire et que si j'arrive pas à le retrouver…

– Le dossier est sur mon bureau dans la boîte rouge appelée « Projet de service », à côté du téléphone.

– Non, il n'y est pas, annonce-t-elle avant de rajou-ter : J'ai bien cherché.

C'est peut-être justement là où est le problème : c'est Coconne qui l'a cherché.

– M. Baudet l'a peut-être emprunté. Ne pourriez-vous pas demander à Michelle de vous donner un coup de main ?

– Je n'arrive pas à joindre Nicolas et Michelle est en réunion.

Moi aussi, je suis en réunion. À 9 000 kilomètres du service, qui plus est. Ce détail ne semble nullement la déranger.

– Il faut dire qu'en ce moment je suis un peu perturbée, m'explique-t-elle, apparemment décidée à faire un brin de causette puisque le moment s'y prête idéalement. J'ai eu ma première séance d'épilation au laser avant-hier et j'ai encore mal au SIF, m'explique-t-elle gravement.

Au quoi ? Coconne serait-elle dotée d'organes supplémentaires pour pallier son cerveau quelque peu défaillant ?

– Où ça ?

– Au SIF.

– Et c'est où ça, le SIF ?

– Ben, c'est le sillon interfessier, réplique-t-elle, suffoquée que je n'en aie pas entendu parler avant.

Au prochain appel de la mairie, je ne réponds pas. Je ne réponds plus. Jamais. Je souhaite à Coconne un prompt rétablissement SIFien et me dirige vers la salle.

Lorsque je reviens dans la salle, les vaches ont disparu et les participants commencent lentement à se lever.

– Tout va bien à la mairie ? m'interroge le Bizut en bâillant.

– Michelle est en réunion, Simplet aux abonnés absents, Coconne a mal au SIF, la routine, en somme.

– Maintenant, nous annonce cérémonieusement Li, nous allons vous montrer comment on sait s'amuser en Chine.

C'est officiel, les Chinois savent comment s'amuser. Ils savent également comment m'amuser aux dépens du Bizut qui, assis sur une chaise, le pantalon remonté jusqu'aux genoux, trempe ses pieds dans une cuvette d'eau. Li arrive et déverse un seau de minuscules poissons qui commencent à s'agglutiner autour des chevilles du Bizut, lequel semble à deux doigts de la crise d'apoplexie.

– Les *Garra rufa* nettoient la peau en se nourrissant des peaux mortes, explique Li en s'asseyant à côté de lui et en vidant le reste du seau dans une bassine, avant d'enlever chaussures et chaussettes d'un geste expert.

Le Bizut me lance un regard désespéré en voyant les poissons s'accrocher à ses pieds. D'une manière très charitable qui confine à l'héroïsme, je me retiens à grand-peine d'éclater de rire et tente d'adopter une expression de profonde compassion. À sa place, je hurlerais de trouille.

– Allez, Cyrille, ne t'inquiète pas, ça va aller !

– C'est pas toi qui as les pieds dans une cuvette pleine de poissons carnivores, geint-il.

– Très juste. D'un autre côté, s'ils te bouffent un pied, dis-toi que Hugh Laurie a remis la canne à la mode.

Bizarrement, mon argument n'a pas l'air de le rassurer beaucoup et il continue à fixer ses pieds avec une inquiétude mal dissimulée.

Les pieds dans sa cuvette, Li retient un gémissement de plaisir. Ce doit être ça, le choc des cultures : réaliser qu'à quelque 9 000 kilomètres de chez vous, certaines personnes ont quasiment un orgasme lorsque des poissons leur dévorent les pieds.

– C'est tellement agréable, vous êtes certaine de ne pas vouloir vous laisser tenter, Zoé ?

– Absolument. Je réalise que je passe à côté d'une grande expérience, mais je suis malheureusement en collants et ce ne serait pas pratique de me déchausser.

« C'est tellement agréable. » Quelques heures plus tôt, je l'ai vue manger des pattes de poulet avec un tel appétit que je ne peux pas m'empêcher de penser que sa santé mentale est sujette à caution. Sans compter que l'air décomposé du Bizut m'incite à croire que la notion de plaisir est décidément très fluctuante, passé quelques fuseaux horaires. Il a l'air tellement désemparé que je propose :

– Cyrille, tu veux téléphoner à ta mère ?

Mars

Something Stupid

Les gens les moins compétents sont systématiquement affectés aux postes où
ils risquent de causer le moins de dégâts :
l'encadrement.

Principe de Dilbert

Jeudi 1er mars

10 h 15

Alors que je rédige ma partie du rapport de mission, le Bizut débarque, l'air soucieux :

– Nous n'avons pas pu voir M. Chang, que va penser le maire de nous ? se désole le Bizut.

– Rien. Il ne lira pas le rapport et ne sait même pas qu'on existe, dis-je pour le rassurer.

En voyant son air affolé et son menton qui commence à trembloter, je me dis que j'aurais certainement dû envisager une autre approche.

– Il ne va pas lire le rapport de mission ? Pourquoi dis-tu qu'il ne nous connaît pas, ça fait un an que tu travailles à la mairie et moi trois mois ?!

Trois mois. C'est exactement ça, le problème. Cela fait plus de trois mois qu'il est exposé à mon cynisme radioactif et il ose encore poser de telles questions. Aurais-je totalement loupé son éducation ?

– As-tu déjà rencontré le maire ? As-tu été officiellement présenté à son staff ? Et, plus important, as-tu un BlackBerry de fonction ?

– Non.

– Donc, tu n'as aucune existence tangible dans cette collectivité. À moins que…

– Que quoi ? demande-t-il avec espoir.

– Tu couches avec le DGS ?

– Bien sûr que non, répond-il d'un air outragé.

– La DRH ? Une élue ?

– Non !

– Tu ne mets pas toutes les chances de ton côté, dans ce cas. Et donc, je confirme, tu n'as aucune existence tangible dans cette collectivité.

– Mais c'est atroce, déclare-t-il, effondré.

– De coucher avec le DGS ? Je ne te le fais pas dire, ce mec est répugnant !

Lundi 5 mars

14 h 30

Misère ! Un mail de Coconne m'informe que Simplet m'attend dans son bureau « dans les plus brefs délais ».

Lorsque j'arrive, Simplet compulse sans enthousiasme un catalogue de mobilier de bureau.

– Tu penses qu'un bureau Louis-Philippe me correspondrait ? m'interroge-t-il alors que je m'affale sur une chaise Ikea et pose mon bloc-notes alibi en évidence sur la table de réunion.

Personnellement, je le verrais mieux dans du Fly en promotion, mais comme la plupart des questions que Simplet me pose, celle-ci ne vise qu'à lui permettre d'entendre le son de sa voix.

– Parce qu'il est impossible que je puisse travailler dans de bonnes conditions en gardant ce mobilier sans âme, continue-t-il sans lever les yeux de son catalogue.

Je doute qu'un bureau, aussi cossu soit-il, puisse influer sur son QI, mais une fois de plus, la réflexion de Simplet n'appelle aucune remarque et je me contente de l'observer s'absorber dans le choix de son trône.

– Quoique un bureau noir serait sympa aussi, finit-il par ajouter, le front déformé par une concentration qu'il est incapable d'avoir lorsqu'il lit une note de synthèse.

Noir, tiens, bonne idée ! Assorti à son BlackBerry et à la couleur de son trou cérébral.

Les cons imbus de leur personne aiment avoir des spectateurs les confortant dans leur puissance supposée. Aussi attirante que soit la tâche de courtisane malgré moi dont il m'a implicitement chargée, je commence à me lasser et décide d'en savoir plus sur le pourquoi de ma présence :

– Mme Montaigne m'a dit que vous souhaitiez me voir.

– Tout à fait, répond-il. On a lu ta note et on s'accorde à dire qu'elle est déplorable.

Première nouvelle. L'élu en charge des relations internationales a validé cette note. Je récupère la déplorable note et réalise qu'Alix a endossé le rôle du « on ».

– Puis-je savoir exactement ce qui ne vous convient pas dans cette note ? Comme aucun élément n'est barré…

– Mais toute la note est à barrer, elle est à refaire intégralement.

– La note répond à la commande de l'élu en charge des relations internationales, dites-moi ce que vous voulez que je rajoute et je le ferai.

– Je crois que tu ne m'as pas bien compris. Il faut la réécrire entièrement. Ce n'est ni fait ni à faire, la police utilisée à la mairie est de l'Arial 11 et tu as écrit en Times New Roman 12.

Non. Ça ne peut décemment pas être ça. J'examine attentivement Simplet, à la recherche d'un indice susceptible de m'indiquer qu'il plaisante, mais ne trouve rien. Il est douloureusement sérieux.

– D'accord, je vous renvoie la note corrigée.

– Je la veux sur mon bureau au plus tard vendredi, exige-t-il.

« Ctrl A », changement de police.

Cinq jours entiers me semblent un délai raisonnable pour m'acquitter de cette tâche.

Je quitte le bureau de Simplet et me cogne dans le Bizut et Monique.

– Il paraît que la note qu'on a rendue ne va pas du tout, s'inquiète Cyrille.

– Le nase qui nous sert de patron et la conseillère technique qui lui sert de cerveau veulent que nous modifiions la police d'écriture. C'est notre mission pour les cinq prochains jours…

– Ne t'en fais pas, dans cinquante ans, lorsque tu t'en souviendras, tu en riras, me rassure Monique.

– Dans cinquante ans, j'aurai des couches et un déambulateur, ce qui m'aidera effectivement à relativiser la connerie de Simplet, mais pour le moment j'en ai juste ras-le-bol.

– La note convient, m'annonce Simplet, quelque peu dépité. Puisque tu l'as rendue avant le délai, j'ai quelque chose pour toi, m'informe-t-il avant d'attraper son antisèche numérique dont il commence à faire défiler le menu avant de m'annoncer : à seize heures se tiendra une réunion avec des Chinois. C'est ton dossier.

– Des Chinois ? Mais de quelle province ?

Simplet se penche sur son BlackBerry et corrige :

– Des Chiliens, mais ça ne change rien.

Chine, Chili, effectivement c'est très similaire. C'est du reste étonnant que les deux pays n'aient pas décidé de se regrouper tant ils sont identiques…

– Vous parlez de la délégation mexicaine qui vient présenter son action en matière de recherche scientifique ?

– Oui. Chili, Mexique, ça se touche.

Sans vouloir te contrarier, ô toi, génie de la géographie, pas tout à fait, quand même…

– Bref, je ne peux pas y assister. Je ne pense pas y avoir ma place.

Il faut un crétin en costard capable de serrer des mains, de distribuer des cartes de visite et de faire semblant d'écouter un exposé. L'usage du cerveau n'est même pas requis. Ça me semble au contraire être un boulot taillé sur mesure pour lui.

– Les directeurs des trois plus grandes entreprises de la région seront là et la délégation mexicaine comporte deux ministres délégués. En tant que directeur général, il me semble que vous êtes pourtant le mieux placé, protocolairement parlant, pour assister à cette réunion.

Simplet lève à regret les yeux de son BlackBerry et soupire à fendre l'âme. Je le plaindrais presque.

– Je les accueille, tu assistes à la réunion, décide-t-il.

L'enfoiré.

Je n'ai même pas le temps de m'insurger comme il se doit qu'un huissier arrive pour nous emmener dans la salle de réunion la plus solennelle de la mairie, où ne tarde pas à arriver la délégation mexicaine. Je serre des mains, tout en essayant de retenir les noms de leurs propriétaires, tentative abandonnée à la huitième main serrée. À côté de moi, Simplet, en bon inutile rompu à ce genre de salamalecs, enchaîne poignées de main et distribution de cartes de visite avec une dextérité étonnante.

En récupérant une carte, il réalise que les deux hommes qui viennent de passer sont les deux personnes les plus importantes de la délégation et prend l'air enthousiaste de ces sexagénaires accros aux machines à sous ayant touché le jackpot. Il se redresse, réajuste sa cravate et serre de nouveau la main des deux Mexicains qui échangent un regard inquiet. Je sais qu'un grand moment de flagornerie les attend et ne peux que partager leur inquiétude.

– Je suis tellement ravi de vous accueillir dans notre belle ville. Le voyage s'est bien passé ? s'enquiert-il d'un ton doucereux.

– Oui, nous avons eu la chance de pouvoir faire escale dans la capitale américaine, s'enthousiasme l'émissaire du ministre.

– New York est une ville magnifique, confirme Simplet.

À l'air incrédule du ministre mexicain et de son émissaire, se superpose rapidement la vision de The Boss nous expliquant que Simplet « a fait des études poussées de tourisme ». Dans une agence de voyages, ce type aurait eu une destinée grandiose. Il y a tellement de réflexions acerbes et de plaisanteries douteuses qui me viennent à l'esprit que j'ai du mal à les hiérarchiser. Je me contente donc d'un simple :

– Sauf que la capitale des États-Unis est Washington, pas New York...

Alors que les deux Mexicains s'éloignent en pouffant, Simplet m'attrape par le bras et m'entraîne à l'écart :

– Tu n'es pas obligée de corriger mes erreurs et de m'humilier en public, se plaint-il.

Sans le gratifier des excuses qu'il attend, je hausse les épaules et m'installe à la table de réunion. Du café et une assiette de biscuits se matérialisent immédiatement sous mes yeux.

C'est un plus certain, mais depuis que j'ai dépassé l'âge tendre de cinq ans, il faut davantage qu'une poignée de biscuits pour me faire oublier ma misère. Tel n'est manifestement pas le cas de mon voisin qui commence à piocher sans vergogne dans le tas de macarons en marmonnant un « au moins, l'après-midi ne sera pas totalement gâché ».

L'un des deux ministres délégués s'avance et commence à fouiller dans son attaché-case. Son sac étant à peu près aussi bien rangé que le mien, ce n'est qu'un quart d'heure plus tard qu'il exhibe triomphalement sa clé USB.

Quelques secondes après qu'il l'a branchée, l'écran géant de la salle de réunion nous informe de ses goûts douteux en matière de cinéma et de fréquentations. Comment prendre au sérieux quelqu'un qui a l'intégrale d'*Airplane !*[1] sur son ordinateur professionnel ? Quant au fond d'écran qui a littéralement hypnotisé mon voisin…

– Waouh, la nana ! s'exclame-t-il entre deux jets de macarons, avant de pencher la tête d'un air de fin connaisseur pour admirer la jeune femme court vêtue qui enlace notre orateur.

Je secoue la tête, atterrée, et attrape un cannelé.

« Waouh, la nana ! » est rapidement remplacé par une présentation PowerPoint que le conseiller détaille avec force exemples, nous plongeant dans le monde merveilleux de la fécondation in vitro chez les bovins.

Pendant que les diapositives défilent, la table tremble à intervalles réguliers et l'un de mes codétenus se précipite sur son portable. La mise en position vibreur du portable montre que la personne est suffisamment bien élevée pour couper la sonnerie de son téléphone durant la réunion, mais pas assez modeste pour admettre que personne n'aura besoin d'elle dans les deux heures qui suivent et éteindre totalement l'appareil. Constat navrant, mais malheureusement rigoureusement exact.

Entre deux diapositives de caryotypes qui me rappellent pourquoi j'ai décidé de ne pas faire d'études scientifiques, un quinquagénaire ventripotent en costume trois pièces intervient :

– Recevoir des chercheurs étrangers nous intéresse évidemment, mais nous ne souhaitons pas balader des délégations étrangères à travers la ville et dans des

1. *Y a-t-il un pilote dans l'avion ?*

restaurants coûteux sans objectifs soigneusement prédéterminés, décrète-t-il.

Il ne manquerait plus que ça ! Qu'il empiète sur notre pré carré et nous pique notre job : trimballer des délégations étrangères à travers la ville sans autre but que de passer le temps.

Une heure plus tard, à la fin de la première partie de l'exposé, trois des cinq vaches sont enceintes et il ne reste plus qu'un biscuit dans l'assiette. Comme mon voisin et moi sommes tous les deux bien trop polis pour prendre le dernier, nous sommes condamnés à l'hypoglycémie.

18 h 30

J'abandonne tout effort pour faire semblant d'être un minimum intéressée par la conférence, quitte à me faire étiqueter comme « la jeune femme qui bâillait et se tortillait d'ennui sur sa chaise » par tous les participants. Je regarde sans les voir les photos des veaux que le conseiller du ministre nous présente avec la fierté d'un nouveau papa.

Au moment où toute envie de continuer à vivre m'abandonne, la phrase que je n'attendais plus finit pourtant par retentir :

– Je vous remercie d'avoir assisté à cette réunion, certes un peu longue…

Un peu ? Deux heures trois quarts pour ne rien dire ! Le moins qu'on puisse en conclure est qu'il a le sens de l'euphémisme.

Tout en fourrant mon bloc-notes et mon stylo dans mon sac, je fais pivoter mes jambes vers la sortie, fléchis mon genou droit et attrape la table pour m'assurer d'une

215

meilleure prise, prête à faire levier pour jaillir hors de la pièce et quitter cet enfer le plus rapidement possible. Le quadriceps tremblant de l'excitation de la liberté, je boucle la fermeture éclair de mon sac.

Un coup d'œil à droite m'informe que mon voisin nourrit les mêmes ambitions que moi.

Ambitions contrariées par l'orateur qui n'en finit pas de nous remercier, peut-être étonné que personne n'ait quitté la pièce au milieu de l'infâme verbiage dont il nous a gratifiés.

Mes adducteurs commencent à sérieusement chauffer. Vu ma condition de grande sportive de canapé, la crampe me guette lorsque à deux places de la mienne, je vois une main se lever.

Pourquoi faut-il toujours qu'il y ait une dramatique conne pour relancer le débat au moment où il tend à s'essouffler, vers dix-huit heures quarante-cinq ?

– Nous menons des études poussées sur la génomique du saumon et je suis très intéressée par les travaux que vous avez présentés, explique la propriétaire de la main.

Je rêve ! Nous venons de subir un interminable exposé sur les vaches et ça lui a rappelé des travaux sur des *poissons* ? Dire que j'étais persuadée d'être la seule à ne rien avoir écouté…

Ravi d'avoir une occasion de s'épancher sur le sujet qu'il vient de développer pendant près de trois heures, l'émissaire du ministre se lance dans un flot d'explications tellement incompréhensibles que ce n'est qu'au bout d'une bonne minute que je réalise qu'il parle en français, langue que je suis censée maîtriser, même à cette heure avancée de la journée.

– Les biomarqueurs conditionnels du programme de génomique fourniront un nouvel outil pouvant être

216

utilisé pour prévoir dans quelle mesure les saumons s'adapteront aux conditions environnementales auxquelles ils seront soumis durant leur migration. Vous comprenez tous ce que ça signifie ? demande-t-il, plein de cette naïveté pré-période de Noël qu'affichent les moins de cinq ans.

– Qu'on n'est pas près de se tirer de là, peste mon voisin à mi-voix, en tordant son sachet de sucre jusqu'à ce qu'une avalanche de poudre blanche se répande sur les rares notes qu'il a prises au tout début de la réunion.

Puis, de manière inquiétante, il commence à racler sa chaussure sur le sachet, dans une imitation particulièrement réaliste d'une vachette d'*Intervilles*.

Au moment où j'envisage de lui emprunter son portable pour enclencher une alerte à la bombe et mettre fin au supplice de cette réunion qui n'en finit pas, l'émissaire du ministre range ses affaires et éteint son ordinateur.

Je bondis hors de la pièce, mon voisin sur les talons :

– C'est la dernière fois que je mets les pieds à une réunion organisée par la mairie, déclare-t-il lorsque nous nous retrouvons dans l'ascenseur.

Je soupire et m'adosse à la cabine :

– J'aimerais tellement pouvoir en dire autant…

– Votre nouveau directeur est un véritable tocard… Il ne me semble pas que nous ayons été présentés, dit-il en me tendant la main. François McCallister, ingénieur agronome.

– Zoé Shepard, je suis administratrice territoriale, chargée de mission à l'AIE ou la DIE, c'est selon, de la mairie.

– Pourquoi restez-vous là ?

– J'aime à penser que je peux y être utile, même si j'y crois de moins en moins.

– Mon fils travaillait dans une entreprise, lui aussi n'y croyait plus. Il est parti pour dix-huit mois au Sénégal afin d'aider des amis à lui regroupés en association pour bâtir une école. Du reste, ils recherchent activement de la main-d'œuvre.

– Vraiment ? Quel type de main-d'œuvre ?

– C'est très varié. Pierre n'avait jamais tenu un marteau avant de partir et aux dernières nouvelles, il est ravi de ce qu'il fait.

François McCallister récupère dans son sac une carte de visite et griffonne un numéro dessus :

– Voici ses coordonnées et le site de l'association qu'il a rejointe.

Mercredi 14 mars

9 h 35

Alors que j'arrive en retard et en courant au bureau, Coconne m'intercepte et m'explique que Simplet veut me voir tout de suite. J'ai à peine le temps de lui faire comprendre que, pour prétendre être arrivée à l'heure, je ne peux décemment pas débarquer dans son bureau avec mon manteau sur le dos et mon teint fuchsia, que Simplet surgit et me fait signe de son BlackBerry d'entrer. Je jette mon manteau à Coconne et pénètre dans l'antre du crétin qu'il convient malheureusement bien d'appeler « mon patron ».

– Pierre Morin a dit : « Lorsque les temps sont incertains, la sagesse recommande d'afficher quelques certitudes[1] », m'annonce Simplet sans préambule, avec l'air concentré de l'écolier qui récite une leçon à laquelle il n'a rien compris, mais qu'il a pris grand soin d'apprendre par cœur.

Décidément, ça valait vraiment le coup de me lever ce matin.

Simplet me regarde, extatique, attendant peut-être que je me pâme d'admiration devant l'immensité de sa culture administrative.

Il peut attendre longtemps.

Perdu dans les tréfonds de sa conviction que je suis sous le choc d'une telle révélation, Simplet décide d'enchaîner :

– Sans grand dessein, les services vivent au jour le jour. Les agents vivent dans une perpétuelle incertitude du lendemain et ne comprennent pas la finalité de leurs actions. Aucun lien solide ne les unit, si ce n'est un grand fatalisme devant les aléas de leur réussite ou une résignation passive devant la répétition des échecs, conclut-il, un poing serré sur le cœur.

Je suis partagée entre l'envie d'éclater de rire devant tellement de ridicule et la crainte de ce que je vois arriver gros comme une maison.

– J'ai décidé que tu allais *me* monter un pacte de participation, un cadre fédérateur tourné vers l'avenir. Je parle évidemment d'un projet de service, m'explique Simplet, confirmant mes craintes.

Le projet de service est la version urbaine et humaine du marquage d'un nouveau territoire à l'urine. Son utilité est inversement proportionnelle au temps passé en réunions pour présenter le projet aux agents, aussi

_____

1. Morin P., *Le Management et le Pouvoir*, Éditions Organisation-Université, 1991.

peu convaincus de l'efficacité de ce document pompeux que moi.

— Tu comprends, les hiérarchies traditionnelles sont inadaptées à la communication interne, les collaborateurs attendent une véritable démocratisation des relations de travail et surtout la formation professionnelle doit être réactualisée dans un sens plus psychosociologique. Je veux relier l'histoire de la DIE à son destin, son inertie inconsciente à son dynamisme volontaire.

Achevez-moi !

— J'ai besoin d'un slogan pour la DIE et surtout d'un logogramme qui soit un véhicule dynamique du projet. Je compte sur toi pour adopter un ton conquérant. Ce projet de service doit révolutionner la DIE et grandement améliorer son efficacité pour que nous puissions mieux communiquer avec la presse. J'espère que tu es d'accord avec moi ? finit-il.

Je me contente, fort hypocritement, de hocher la tête avant de tenter un tiède :

— Oui, pourquoi pas.

— Parfait ! se réjouit Simplet avant d'ouvrir un guide de management et de lire : « La première chose à faire est d'élaborer un questionnaire pour recenser les besoins profonds des agents du service. » Et tu as un rendez-vous à seize heures trente. Michelle t'en dira plus, je l'ai chargée de t'aider sur ce dossier, m'explique-t-il avant de m'indiquer la porte d'un geste de la tête.

Je rejoins Michelle dans son bureau :

— Nous faisons donc galère commune pour le projet de service ?

— N'exagère pas, proteste-t-elle gentiment, ça peut être intéressant. Nous avons rendez-vous à seize heures trente avec une consultante du Centre de Management des Collectivités Territoriales.

La situation est encore pire que ce que je pensais. Les fonctionnaires territoriaux travaillant au CMCT sont ceux dont personne n'a voulu, et pour ne faire l'affaire dans aucune des quelque trente-sept mille collectivités territoriales françaises, il faut vraiment mettre la dose. Je proteste mollement :

– Je n'ai pas eu de très bons échos sur les consultants du CMCT…

– Zoé ! Personne ne trouve grâce à tes yeux…

– Certaines personnes moins que d'autres. J'ai une hiérarchie très stricte dans le dénigrement.

– La consultante vient à seize heures trente, on se retrouve en salle de réunion.

17 h 30

La bouche ouverte, les yeux figés dans une agonie silencieuse, Michelle subit l'infâme verbiage de la consultante qui, je dois le dire, a largement une tête d'avance au grand concours de nullité et de vacuité intellectuelle des consultants que j'ai rencontrés au cours de ma formation.

– La logique servicielle doit être repensée. Je comprends votre volonté de mettre en place un projet de service. Les collectivités territoriales sont pareilles à des roues de vélo. Il faut régulièrement y apposer des rustines pour continuer de rouler. Je suis votre rustine, déclare la consultante fièrement.

On ne va pas aller très loin avec une rustine pareille.

– Votre direction est un peu différente des autres, car dans une coopération internationale, le chef de file, ce sont les deux, expose la rustine.

Les sourcils de Michelle n'ont jamais été aussi hauts d'incrédulité et je m'absorbe dans mon bloc-notes pour éviter de pouffer. Vain effort qui échoue lorsque la rustine nous explique doctement :

– Il faut réinventer du collectif… au moins individuellement. Ça vous renvoie quelque chose dans votre tête, ce que je dis ?

Si renvoi dans ma tête il doit y avoir, c'est qu'il faut éviter les consultants comme la peste… Manifestement à bout de nerfs, Michelle demande poliment :

– Nous avons bien entendu tout ce que vous avez dit, mais je souhaiterais savoir si vous pouvez nous apporter certains outils méthodologiques pour nous aider à mettre en place le projet de service voulu par notre nouveau directeur, M. Baudet, et dont Mlle Shepard vous a expliqué les principes en début de réunion.

La rustine hoche la tête d'un air pénétré et demande :

– Donc, si je comprends bien, vous voulez que je sois la rotule entre le début du bras et l'épaule ?

Tassement de Michelle qui me lance un regard désespéré. Je retiens héroïquement un « je vous l'avais bien dit » et me contente de reporter toute mon attention sur mon gobelet de café.

Nous congédions la rustine et Michelle se tourne vers moi :

– C'est encore pire que ce que tu pensais !

– Je vous trouve un peu sévère, elle a dit des choses intéressantes.

– Vraiment ? s'étonne-t-elle en ne me voyant pas sauter sur l'occasion de critiquer une telle bêtise alors que sa réaction m'en donne ouvertement la permission.

– Vraiment ? Non, c'était nul. Drôle. Mais nul.

Michelle pouffe de rire :

– Tu imagines une rustine qui veut être la rotule entre l'avant-bras et l'épaule ?!

– C'est conceptuellement intéressant…

Lundi 19 mars

10 h 15

N'est pas Coconne qui veut.

Suivant les bons conseils de Pierre-Gilles qui, dans son génie étymologique, aime à répéter que « les assistantes sont faites pour assister », avant de hocher la tête d'un air satisfait comme s'il venait d'énoncer la formule du vaccin contre le sida, je décide d'inclure Coconne dans le panel d'interrogés du fameux questionnaire destiné sinon à révolutionner la pensée, du moins à améliorer le fonctionnement du service.

Déjouant tous les pronostics les plus pessimistes, Coconne est la première du service à me renvoyer le questionnaire rempli. Je m'extasie comme il se doit, tout en remarquant qu'elle a oublié de répondre à une question. Rien de dramatique : Coconne, aussi incroyable que cela puisse paraître, est humaine.

Constat terrifiant pour l'espèce humaine, mais néanmoins véridique.

Mise en confiance, je décide de la charger d'une mission d'importance : collecter sous format électronique la quinzaine de questionnaires, les imprimer et les mettre dans un dossier.

Je mets en police rouge la question oubliée et lui envoie un mail : « Pourriez-vous, s'il vous plaît, collecter les questionnaires du reste du service, les imprimer en vingt exemplaires et les mettre dans un dossier, sans oublier de répondre à la question en police rouge ? »

Pas le genre de consigne d'une sophistication intellectuelle échevelée.

Sauf pour Coconne.

Qui, au bout d'une heure, débarque dans mon bureau.

– Je n'ai pu imprimer les questionnaires qu'en dix exemplaires, l'imprimante a lâché d'un coup ! s'énerve-t-elle.

– Je m'en suis servie il n'y a pas cinq minutes, et je n'ai pas eu de problème.

Coconne me regarde d'un air soupçonneux.

– Si vous vous en êtes servie il y a cinq minutes, alors c'est peut-être tes documents qui l'ont fait planter.

Depuis que je dispose de mon propre bureau, Coconne n'arrive pas à décider si elle doit continuer à me tutoyer ou passer au vouvoiement. Se sentant l'âme d'un DJ de la langue française, elle mixe les pronoms.

La plupart du temps de manière pas très heureuse.

– Honnêtement, je ne pense pas. Paloma s'en est servie juste après moi et le copieur marchait.

– Pas le copieur, je parle de l'imprimante couleur qui ne marche pas !

– Et je peux savoir exactement pourquoi vous avez besoin d'utiliser l'imprimante couleur pour reprographier les questionnaires ?

– Ben, pour imprimer en couleur !!!

C'est assez humiliant d'être prise pour une conne par une über-conne. Je mettrais ça au même niveau d'humiliation que de ne pas réussir à grimper à la corde devant une trentaine de ses camarades de classe et du prof de gym répétant comme un mantra : « Croise tes pieds autour de la corde, c'est pas compliqué quand même ! »

Je prends une grande inspiration, finis mon café et décide d'expliciter ma question :

– Je me suis sans doute mal exprimée. Je voulais dire : pourquoi avez-vous besoin d'imprimer un questionnaire en noir et blanc sur une imprimante couleur ?

– Il est pas en noir et blanc, il est en rouge le questionnaire ! répond-elle, suffoquée.

– Rouge ?! Mais qui vous a demandé de l'imprimer en rouge ?!

– Vous, d'abord, même que j'ai la preuve, s'insurge Coconne en sortant en trombe de mon bureau, avant de revenir triomphante en m'agitant sous le nez une copie de mon mail.

– « Pourriez-vous, s'il vous plaît, collecter les questionnaires du reste du service, les imprimer en vingt exemplaires et les mettre dans un dossier, sans oublier de répondre à la question en police rouge ? » lit-elle. Ah ! C'est qui qui avait raison ?

Oui, Coconne a la syntaxe d'une gamine de six ans. Parfois, elle en a même les couettes.

Je refoule ma réaction première, à savoir me taper violemment la tête sur le bureau. Ce serait douloureux et inutile : le regard de Coconne ne recèle malheureusement aucune malice et j'en déduis qu'elle n'a vraiment pas compris mon mail. Je décide de clarifier mon propos :

– Répondre *à la question* en police rouge. Vous aviez oublié de répondre à la question 8, donc pour que vous y répondiez, je vous l'ai mise en police rouge, expliqué-je avec le ton que j'emploierais avec un gamin de trois ans, mentalement extrêmement déficient, il va sans dire.

– C'était pas très clair, il faut dire, se défend Coconne.

Deux options s'offrent à moi : expliquer en hurlant à Coconne les subtilités de la ponctuation et de la place de la virgule, ou trouver une solution pour apporter dans dix minutes les documents à Simplet et Alix qui piaffent d'impatience à l'idée que je leur dépose sur un plateau la solution pour briller de mille feux administratifs auprès du Don.

Je remercie Coconne avant de foncer à la photocopieuse. Au mépris de toute notion de développement durable, je mets les questionnaires dans la trieuse et lance les photocopies.

Dix minutes plus tard, je suis devant le bureau de Simplet, un épais dossier de questionnaires – en noir et blanc – sous le bras. Alix n'est pas en vue.

– T'as fait vite, remarque-t-il en feuilletant rapidement les questionnaires, avant de me demander : Maintenant, j'hésite entre un lancement de type « Pont d'Arcole » ou de type « Jeu de go »…

Pardon ?

– … Je penche pour la méthode rapide et vite efficace, le « Pont d'Arcole », mais le manuel indique qu'il faut posséder des dons d'entraînement charismatiques.

Dans ce cas-là, abandonne tout projet de pont, Simplet.

– T'en penses quoi ?

Je ne pense pas. Si je pensais, je ne serais plus là.

Simplet tapote impatiemment sur l'écran de son BlackBerry, à l'affût de ma réponse.

Misère ! Si j'mens, j'vais en enfer ?

Avril

That's Entertainment !

Un administrateur administre,
trois administrateurs cherchent
le meilleur moyen d'administrer,
cinq administrateurs discutent
sur des programmes opposés,
sept administrateurs bavardent.

Paul Laffitte,
Jéroboam ou la finance sans méningite

Mercredi 4 avril

10 h 00

Lorsque j'arrive devant le bureau de Simplet, la porte est close.

– Il ne faut pas les déranger, m'avertit Coconne qui revient de l'un de ses nombreux allers et retours à la machine à café et se dirige vers les toilettes.

– Michelle vient de me dire qu'Alix et M. Baudet m'attendaient dans son bureau…

– Il ne faut pas les déranger, répète Coconne qui, pour une fois, a bien retenu sa leçon.

Au moment où je me demande si je dois attendre la fumée blanche annonçant la fin de ce conclave éminemment fructueux, Alix ouvre la porte et me fait signe d'entrer.

– Nicolas et moi avons longuement discuté et nous avons décidé que la fiche de poste que tu as rédigée pour le VIE[1] en Chine ne va pas du tout, explique-t-elle sans préambule, tandis que je m'assieds à la table de

---

1. Volontaire International en Entreprise.

réunion et attrape un calepin pour noter la production de leurs deux puissants cerveaux.

– Les objectifs et les missions du VIE vont à peu près, commence Alix, conciliante, avant de demander, par pure formalité à Simplet : Qu'est-ce que tu en penses ?

Rien. Comme l'indiquent ses yeux vitreux et sa bouche entrouverte, Simplet n'en pense manifestement rien. Il opine cependant frénétiquement du chef pendant qu'Alix m'explique, en hochant la tête d'un air pénétré :

– Ce qui ne va absolument pas, c'est ce que tu as appelé « Profil de poste pour le responsable du bureau local d'appui aux entreprises ». Enfin, surtout ça : « Langue : chinois courant », c'est ridicule, finit-elle tout en me lançant un regard noir.

– Parler couramment chinois me semble être un prérequis pour gérer un bureau de représentation en *Chine*.

Alix secoue la tête, agacée que je me montre si bornée.

– Nous allons refaire la fiche de poste. En premier lieu, il faut que la personne recrutée soit capable de produire des idées. Zoé, prends des notes, sinon tu vas oublier et la fiche de poste sera incomplète, suggère-t-elle généreusement.

Alix, grâce à toi, je viens de passer de l'ombre à la lumière. Moi qui comptais sélectionner les candidats sur leur capacité à accommoder les pattes de poulet.

Je décide d'éclaircir la commande, réussissant l'exploit de trouver un ton des plus suaves :

– Produire des idées... tu veux dire « réfléchir » ? La plupart des personnes font ça naturellement, il ne me semble pas utile de le préciser dans une fiche de poste.

– Je veux dire, produire des idées, conceptualiser…, développe-t-elle avant de se précipiter sur son Black-Berry. J'ai du reste le profil parfait, dit-elle sans lever les yeux de son précieux écran et en me tendant un CV bariolé.

Je commence à lire le CV en diagonale : chaque paragraphe commence par une majuscule savamment calligraphiée, probablement destinée à détourner l'attention de la vacuité du parcours, et je commence à me demander quel lien de parenté unit Alix et Anne-Lise Trumont, vingt-trois ans, deuxième année de BTS « Action commerciale ».

– Parfait ? Cette jeune femme ne parle pas chinois et les deux seuls séjours à l'étranger qu'elle a effectués étaient au Club Med de Madrid en 1994 et 1996. Ce n'est pas franchement le genre d'expérience qui prédispose à passer deux années à gérer un bureau de représentation au fin fond de la Chine. Sans compter que sa filière d'études ne la prépare pas du tout à ce type de travail.

– Justement, qu'elle ne parle pas chinois est un énorme avantage, commence Alix en tapant frénétiquement sur son BlackBerry pendant que Simplet hoche la tête au rythme des cliquetis.

– Puis-je savoir en quoi c'est un plus de ne pas parler un mot de chinois lorsqu'on brigue un poste de VIE en *Chine* ?

– Nous sommes sûrs que ce n'est pas une espionne à la solde du PCC, me répond-elle avec toute la gravité d'un lieutenant de la DGSE. Ses parents vivent dans la Marne et sa grand-mère est de Bourg-en-Bresse, ajoute-t-elle, triomphante.

Effectivement, si sa grand-mère est burgienne, pourquoi s'inquiéter ? À quoi bon parler chinois avec un atout pareil ? Si en plus elle est capable de produire des idées, de conceptualiser, nous sommes assurés du succès de notre antenne économique !

Alors que je pense à la note que je vais rédiger à Hugues Roche, l'élu aux relations internationales, pour qu'il arrête coûte que coûte ce massacre, Simplet me tire de mes réflexions :

– J'ai une réunion à onze heures trente, c'est quoi ? Coralie n'a pas su me le dire.

Ravie de retrouver un peu de normalité coconienne, je commence à expliquer :

– C'est une réunion « Europe » en deux temps. La première partie est consacrée à une étude visant à comparer le pourcentage du budget consacré au jumelage avec des collectivités européennes et la seconde dresse le bilan des différentes opérations ayant bénéficié du soutien financier de l'Union européenne.

– Quel soutien financier ? Depuis quand on a de l'argent de l'Europe ?

Bah, ça ne fait qu'une petite douzaine d'années que des drapeaux européens fleurissent dans toute la ville pour nous informer que l'Union a cofinancé certaines réalisations.

– Depuis 1995, une dizaine d'opérations ont bénéficié du soutien financier de l'Union européenne. Par exemple, les financements européens ont soutenu le développement du quartier Jean-Moulin.

Même si je me doute qu'avec son compte en banque Simplet ne connaît le quartier Jean-Moulin que de nom, son air ahuri me décide à passer à autre chose :

– Lors de cette réunion va également être abordée la question de la future présidence française du Conseil de l'Union européenne.

– Le Conseil de l'Union européenne ? Qu'est-ce que c'est ? C'est nouveau ?

Ce type est directeur général de la Direction Internationale et *Européenne* !

> *And this is the end*
> *This is the end*
> *Of the world*[1]...

... A minima de notre monde, ce qui est déjà suffisamment dramatique.

– C'est le principal organe de décision de l'Union européenne. Il représente les États membres. Et il a été créé en 1957... le traité de Rome, ça vous dit quelque chose ?

Tous mes espoirs sont annihilés lorsque Simplet secoue la tête et me demande :

– Et il est élu quand, le président du Conseil ?

> *Declare this an emergency*
> *Come on and spread a sense of urgency*[2].

– Il n'y a pas d'élection à la présidence du Conseil de l'Union européenne, c'est une présidence tournante. La France prendra la présidence en juillet prochain. C'est pour cette raison que lors des réunions

1. Muse, A*pocalypse Now*, « Et c'est la fin/C'est la fin/Du monde »
2. Muse, A*pocalypse Now*, « Déclare que c'est une urgence/ Viens et diffuse le sentiment d'urgence »

« Europe », on parle de la future présidence française du Conseil.

– Bon, écoute, tu as l'air bien plus au courant que moi, commence Simplet.

Coconne, qui a imprimé les affiches pour le Cinquantenaire du traité de Rome, est plus au courant que lui. Autant dire que ce n'est pas franchement un critère.

– Tu vas aller à la réunion, hein ? Et puis, Zoé, surtout, tu leur fais bien part de mes suggestions, indique Simplet.

Pas de problème, Simplet. Sauf que si je commence à expliquer devant trente personnes qu'il faut globaliser les inputs, rationaliser les process et produire des idées, elles vont me lapider. Avec raison.

Je quitte l'ancien bureau de The Boss et me laisse dégouliner contre le mur.

– Ça va pas ? demande Coconne, l'air inquiet.

– Pas trop, non. Au fait, je vais avoir besoin de vous pour monter un dossier de réunion.

Coconne hoche la tête et file dans son bureau. Je dois avoir l'air encore plus désespéré que je ne le suis.

10 h 25

Deux heures à montrer d'absconses diapositives PowerPoint devant un aréopage d'élus et de directeurs bayant aux corneilles et regardant avec insistance leur portable dans l'espoir qu'il sonne et leur permette de s'échapper discrètement.

Je ne les blâme pas, en général, dans ce genre de réunion, c'est ce que je fais.

Plus que cinquante-cinq minutes pour boucler les dossiers de la réunion et avoir quelque chose à distribuer afin que les malheureux puissent avoir un support pour y griffonner leur liste de courses quant aux femmes et leur score de golf ou les dernières options à ajouter sur leur voiture quant aux hommes. Voilà qui devrait m'empêcher de ressasser la dernière lubie « alixo-simpletesque ». J'allume mon ordinateur et transfère par mail à Coconne mon tableau comparatif des budgets pour reprographie.

Cinq minutes plus tard, alors que je m'escrime à rédiger le PowerPoint de présentation, elle débarque, affolée, dans mon bureau.

– C'est au sujet des tableaux. Vous savez, ceux que tu m'as demandé de reprographier, croit-elle utile de préciser.

– Il y a un problème ?

– Je voulais savoir, pour le titre, je mets quoi ?

– Vous voyez la ligne au-dessus du tableau, centrée et mise en gras ?

Coconne secoue la tête d'un air incrédule :

– Ben oui, quand même, je ne suis pas aveugle !

– Donc cette ligne, centrée et mise en gras, c'est le titre en fait.

– Ah… « Comparaison des budgets des collectivités européennes », c'est le titre ?

– Voilà.

Coconne fronce les sourcils d'un air insatisfait.

– C'est pas très clair comme titre, il faut dire.

– Ah ? Les tableaux synthétisant les budgets d'une trentaine de collectivités européennes aux caractéristiques similaires, il m'est apparu pertinent de nommer le document « Comparaison des budgets des collectivités européennes ».

– Ah oui…

Coconne semble à deux doigts de tirer la chaise qui fait face à mon bureau et de s'y installer pour ce qui promet d'être une longue discussion à propos de subtilité sémantique.

Je m'éclaircis la voix en essayant de trouver ce registre compréhensif et suave qui transforme un ordre en suggestion :

– La réunion est dans un peu plus d'une demi-heure. Pensez-vous qu'il vous serait possible d'avoir fini de reprographier les documents et de les mettre dans des chemises cartonnées ?

Traînant les pieds, Coconne repart dans son bureau en marmonnant, tandis que je reprends la présentation, que je dois interrompre moins de deux minutes plus tard lorsqu'elle fait irruption de nouveau :

– Mais ces budgets, ils sont en quoi ?

– Vous voyez ce qui est écrit dans la première ligne à côté de « Budget » ?

– Le truc entre parenthèses ?

– Oui.

– Millions ?

– Exactement. Les chiffres du tableau sont en millions.

– Ah… Et c'est en quelle monnaie ?

Je me retourne d'un pivotement de fauteuil pour éviter de perdre le peu de patience qu'il me reste et commets une erreur fatale.

Je ne saurais dire ce qu'il s'est passé, un craquage sans doute.

Le contrecoup de la réunion avec Simplet et Alix.

Je n'ai rien vu venir. Je n'ai pas pu me retenir de faire un peu de second degré.

– Coralie, ce sont des budgets européens, vous comprendrez donc qu'ils sont libellés en yens ! Écoutez, maintenant il faut vraiment que je finisse l'analyse de ces budgets avant de les distribuer dans une heure lors du Comité de pilotage. Nous avons toutes les deux du pain sur la planche, donc on s'y met !

11 h 27

J'arrache ma clé USB du port, récupère mon bloc-notes et me rue dans le bureau de Coconne pour la trouver en plein tapage frénétique de ce qui m'apparaît comme une calculatrice solaire récupérée dans un paquet de céréales.

– Puis-je récupérer mes tableaux, s'il vous plaît ?

– C'est que là, moi, j'ai pas fini…, proteste-t-elle.

– Il suffisait de les reprographier sur papier à en-tête, ce n'est pas long…

– Et la conversion ?! s'insurge Coconne. Vous croyez que je suis ingénieur ou quoi ?!

Je prends une grande inspiration. Calme-toi, Zoé, ne lui fais pas bouffer sa calculatrice. Pas tout de suite. Pas avant qu'elle ne t'explique pourquoi, au lieu d'être devant l'imprimante, elle a brusquement décidé de se remettre à niveau en maths.

– Quelle conversion ? C'est du Word, pas du PDF, il faut les sortir en format Word ! Il n'y a rien à convertir !

Coconne me regarde, les yeux vitreux. Je me fais l'effet d'être un TER en rase campagne. Avec Coconne dans le rôle de la vache voyeuse.

– Ben, la conversion des yens vers l'euro ! s'indigne-t-elle. Ça prend du temps, et entre nous, des budgets européens en yen, ça n'a pas beaucoup de sens, hein ? Heureusement que je suis là pour avoir pensé à les convertir, ces budgets. Alors ? Merci qui ?!

Mercredi 11 avril

11 h 15

Il ne manquait plus que cela dans le décor : un mail collectif m'informant que l'Intrigante va organiser un arrosage pour fêter la naissance de son moutard, Édouard.

Ah, les arrosages dans la fonction publique territoriale...

Nous sommes, avant même d'être des glandeurs patentés, de bien joyeux lurons.

Parfaitement.

Nous adorons faire la fête, croquer la vie à pleines dents, célébrer les petits bonheurs du quotidien, finir dignement nos journées à la limite du coma éthylique et de l'indigestion... le tout aux frais du contribuable.

Cela dit, si ces épisodes hautement festifs avaient lieu à d'autres moments que sur nos horaires de boulot, je doute que nous les trouvions aussi attractifs, mais comme il n'en est évidemment rien, les pots et les apéros constituent une excuse sans cesse renouvelée pour ne rien faire.

Or ne rien faire est encore ce que nous faisons le mieux. Nous sommes les champions de l'accomplissement dans le néant ou de la réalisation dans l'apathie.

Autant dire que si on ne travaille que très peu dans le service, on arrose énormément.

Alors que le traitement des dossiers se fait généralement dans un joyeux bordel, sans début ni fin précise, les arrosages donnent lieu à différentes étapes soigneusement déterminées.

Ils démarrent invariablement par un mail dégoulinant de clichés, type « La cigogne est passée il y a déjà trois mois, venez fêter ça jeudi à 15 h 00 » ou de tentatives humoristiques navrantes : « Heigh ho, heigh ho, je rentre définitivement du boulot et arroserai ma retraite le 21 juin à 14 h 00. N'hésitez pas à cuisiner votre spécialité ! »

Le mot « cuisiner » n'est pas là par hasard. Non, cuisiner signifie que si vous apportez un plat acheté chez un traiteur ou – horreur de l'horreur, inconcevable de l'inconcevable – un gâteau acheté dans un supermarché, l'opprobre s'abattra immédiatement sur vous et vous serez catalogué « individualiste », pouah !

S'ensuit ensuite le passage de l'Enveloppe. Il serait en effet inenvisageable de fêter quoi que ce soit sans offrir à la personne qui « arrose » un magnifique présent, révélateur des goûts particulièrement discutables de Coconne, qui n'ont rien à envier à ceux du Protocole. Une semaine avant l'arrosage, Monique, autopromue trésorière de l'Amicale du service, débarque avec l'Enveloppe pour réclamer un don.

L'Enveloppe est accompagnée d'un post-it expliquant qu'« à l'occasion de l'arrosage organisé par Clothilde pour fêter l'arrivée de son *petit* Édouard, nous avons décidé de lui offrir un *petit* cadeau » et que nous

239

sommes « *invités, si nous le souhaiton*s, à donner une *petite* contribution ».

Il ne faut surtout pas se laisser tromper par l'avalanche de petitesse, ni par le ton sympathique du message. Surtout pas. Ce genre de message est écrit en langage codé, et c'est un code si habilement enfoui dans le texte qu'il faut être spécialiste de l'espionnage ou « bureautière » depuis quelque temps déjà pour être à même de le déchiffrer.

Commençons par « *invités* », par exemple. *Invités* signifie ici « obligés sous peine de mort » et/ou, sinon, tout le service voire toute la collectivité saura à quel point vous êtes égocentrique et ignoble. Continuons par l'adjectif *petit*. À part pour Édouard, qui ne doit effectivement pas être prêt pour la sélection de l'équipe de basket de la NBA, l'adjectif *petit* est cruellement mal employé. Car pour ce qui est de la *petite* contribution, le regard inquisiteur de Monique – qui ne vous lâchera pas tant que vous n'aurez pas mis la main au portefeuille – vous dissuade de respecter à la lettre la demande du post-it. Alors qu'elle est incapable de calculer correctement un budget, Monique peut avec exactitude déterminer le pourcentage de votre salaire consacré aux offrandes diverses et variées. Si ledit pourcentage lui paraît un peu faiblard, elle agite l'Enveloppe avant de lâcher un « c'est tout ? » incrédule. Mieux vaut ne pas espérer se défiler, sous peine d'être cataloguée odieuse radine égoïste, à vie. Enfin, à vie professionnelle, ce qui est finalement assez long.

Faisant preuve, une fois n'est pas coutume, d'une certaine intelligence, Simplet attend que notre déléguée syndicale soit dans les parages pour dégainer son porte-monnaie et aligner royalement cinquante euros. Il se paie même le luxe de grimacer en affirmant qu'il est désolé de ne pas être passé au distributeur avant, il aurait mis plus…

Fayot !

Je vois à regret partir mon billet de dix euros… adieu mon frère, je t'aimais bien, tu aurais pu avoir une destinée brillante, une pizza quatre fromages chez l'Italien de mon quartier, un livre de poche et un paquet de bonbons, un DVD en promotion, un album sur iTunes… mais non, mon pauvre, tu participeras à l'achat d'une turbulette bleu ciel encombrée de lapins dansants sur des nuages laiteux qui vaudra plus tard à son récipiendaire de longues séances de divan.

Un jour, je m'achèterai une dose de courage – avec les dix euros – et je balancerai à Monique, lors d'une énième séance de racket organisé : « Tu as vu ce que je paye comme impôts en tant que célibataire pour financer le repeuplement de la planète par les unes et les autres, alors ta contribution, tu sais où tu peux te la mettre ! »

En attendant ce jour glorieux, je dégaine stoïquement mon portefeuille et lui tends mon obole avec un sourire crispé.

Mais le pire est encore à venir…

Car une fois que nous avons été consciencieusement rackettés et laissés sans le sou, l'arrosage proprement dit peut se dérouler.

Vendredi 13 avril

13 h 30

Comme je n'ai pas réussi à caler une RTT, je n'ai d'autre choix que de subir l'arrosage.

Rouge de plaisir, Coconne tend à l'Intrigante un paquet informe qu'elle s'empresse de déballer après que nous nous sommes installés en arc de cercle devant elle.

– Un chauffe-biberon ? s'étonne Monique. Je croyais qu'elle allaitait…

Coconne lui décoche un regard noir pendant que le reste des troupes, dans un beau mouvement d'hypocrisie collectif, s'extasie sur ce qui m'apparaît effectivement être un chauffe-biberon en forme de canard phosphorescent.

– Il couine lorsqu'il a atteint la bonne température, annonce Coconne, extatique, avant de tendre à l'Intrigante le set de biberons qui accompagne Donald Duck.

Nous entrons dans la salle de réunion et quelques minutes plus tard, l'Intrigante débarque avec un panier contenant de quoi réalimenter la moitié du Darfour avant d'annoncer sombrement, tout en déballant tartes, quatre-quarts, gâteaux au chocolat, charlottes aux fruits et clafoutis :

– Je les ai complètement ratés, dit-elle en déposant un plateau de brownies que ne renierait pas la pâtisserie la plus cotée de la région.

Sa réflexion n'a en effet d'autre objectif que de soulever une tempête de dénégations, « mais non, Clothilde, tu es une cuisinière hors pair » et Coconne tombe à pieds joints dans le panneau.

— Oh, ben moi, quand je les réussis, ils ne sont même pas aussi beaux... ni au'chi bons, postillonne-t-elle la bouche pleine, aspergeant consciencieusement Paloma.

Personne n'étant là pour lui rappeler de surveiller son cholestérol, Léon en profite. Il s'arrange pour empiler le maximum de vivres dans la petite assiette en carton jaunâtre qui lui a été donnée et commence à mastiquer son butin avec enthousiasme.

— Chelui-là, l'est chuper, annonce-t-il, les bajoues à deux doigts de craquer, oubliant qu'à treize heures trente, techniquement, il sort de table.

Le problème dans ce genre de sauterie est qu'une fois qu'on a la bouche vide et l'estomac plein, il faut bien commencer à parler. C'est à ce moment qu'éclate au grand jour la triste vérité : nous n'avons strictement rien à nous dire. Une fois les sujets conventionnels épuisés – le temps, décidément pourri cette année, les repas de la cantine, pas terribles en ce moment – s'installe un silence pesant seulement interrompu par les bruits de mastication de Léon, parfaitement au fait du concept de « rab ».

Pierre-Gilles décide de se lancer :

— L'année prochaine, il va y avoir une Journée nationale sur l'hygiène des mains !

Aussi inintéressante que soit la remarque, elle soulève immédiatement une tempête de réactions. Paloma se lève afin de nous montrer la manière la plus efficace de se nettoyer les mains, alors que Monique nous fait l'article pour un produit pour parano du contact humain permettant de se laver les mains sans eau ! À tout moment de la journée ! N'est-ce pas merveilleux ?

– Car on ne sait jamais ce que les gens ont touché avant de vous serrer la main, nous expose-t-elle tout en se curant consciencieusement le nez.

– Le progrès, ch'est fantach'tique, postillonne Léon dans un jet de clafoutis.

L'Intrigante nous ressert une tournée d'une tarte aux pommes qui a l'immense avantage de mettre un terme aux discussions « lavage de main ».

La dernière bouchée avalée, et vexée que Pierre-Gilles lui ait volé la vedette, Coconne se lance :

– En fait, on dit que les dauphins sont gentils et les requins méchants, mais on a beaucoup exagéré la méchanceté des requins, nous affirme-t-elle. Parce que les dauphins, ils entraînent le baigneur au fond de l'eau et ils savent qu'il va se noyer. Tandis que le requin le mange directement, c'est moins sadique.

– Cha se disc'chute, objecte Léon en mâchant avec entrain sa troisième tranche de quatre-quarts. Pache que si les requins, c'était pas chi méchant, y aurait pas eu *Les Dents de la mer*. Et Flipper, l'est 'achement gentil dans la chérie TV.

ChéQFD, Léon.

L'incongruité de la conversation qui s'ensuit ne semble déranger personne, au point que je commence à me poser sérieusement cette question : dans un moment de rébellion anti-serre-tête en velours et soutien-gorge de grossesse, l'Intrigante nous aurait-elle concocté un space cake ?

Avant que je n'aie eu le temps de pousser l'investigation plus loin, Simplet se plante devant moi.

– Une réunion est organisée au ministère des Affaires étrangères par Son Excellence l'ambassadeur itinérant de France pour l'Asie, m'expose-t-il avec emphase, comme si le prononcer le rendait lui aussi un peu tenant du titre. Il va y avoir une présentation des coopérations de plusieurs collectivités territoriales avec la Chine et tu vas aller y présenter notre projet.

Jeudi 19 avril

6 h 30

Je tâtonne et éteins le réveil. Dans moins d'une heure, je dois être déguisée en haut fonctionnaire dans le TGV direction le ministère des Affaires étrangères, pour tenter de persuader un aréopage entier de sinophiles qu'installer une gamine de vingt-trois ans ne parlant pas chinois dans un bureau au sein d'un open space dans une province paumée de Chine est une réalisation extraordinaire pour laquelle nous devons être chaudement félicités.

6 h 45

J'aurais dû argumenter. Ou insister pour que la réunion soit tenue l'après-midi. Ce n'est pas humain de devoir se lever si tôt...

Si je me lève maintenant, je devrais arriver à la gare à sept heures vingt et avoir le temps de prendre un véritable petit déjeuner à la gare, et non dans la voiture-bar où un minuscule croissant et un dé à coudre de café coûtent plus cher qu'un paquet entier de café et cinq baguettes de pain. Je me lève...

6 h 58

Si je me lève tout de suite, je devrais avoir le temps de prendre un café au distributeur et de sortir mes billets de la borne électronique sans me presser… Je ferme les yeux deux minutes et je suis debout. Je ne suis pas à deux minutes près de toute façon…

7 h 20

Misère !

Je jaillis du lit, enfile le premier tee-shirt à ma portée, saute dans le jean de la veille, attrape mon tailleur, une paire de chaussures décentes et fourre le tout dans mon sac à dos avant de partir en courant vers la gare.

7 h 45

Lorsque j'arrive devant le panneau d'affichage de la gare, mes poumons sont en feu. Il faut vraiment que je me remette au sport un de ces quatre. Je me précipite à une borne, entre mes numéros de dossiers et récupère mes billets avant de me précipiter sur le quai. J'arrive devant la voiture 15 du TGV et jette un coup d'œil rapide à mon billet : voiture 1. Évidemment.

Je commence à remonter la rame en courant et suis interpellée par le contrôleur au moment où je saute dans le wagon :

– J'ai bien cru que vous n'alliez pas vous décider à monter !

J'entre dans le compartiment et découvre, installé à la place que ma collectivité de gauche, qui ne fait voyager ses agents qu'en première classe, a réservée pour moi, un vrai voyageur de première.

Quelqu'un de crédible avec la panoplie du voyageur de première classe, à savoir le costume-cravate, l'attaché-case et la moue hautaine du type conscient de son importance.

Il est forcément important puisqu'il voyage en première.

Ben si.

Ah, la première classe... ses sièges en moquette moelleuse rayée, ses petites lumières tamisées, ses voyageurs costumés-cravatés, Men in black laborieux plongés dans le *Financial Times* ou, pour les plus incultes d'entre eux, *Le Monde économie*, l'harmonieux cliquetis des ordinateurs portables ou le glissement du stylet sur le Palm Pilot...

Un microcosme de classe dans un monde de brutes, un autre monde de toute évidence.

Un autre monde que le mien, en tout cas.

Moi qui arrive, haletante, ôte un écouteur de mon iPod de mon oreille, vérifie mon billet et halète devant l'un des Men in black :

– Excusez-moi, monsieur, il me semble que vous êtes à ma place.

Monsieur hausse un sourcil circonspect et me dévisage. Je sais ce qu'il voit : une jeune femme au teint méchamment fuchsia, vêtue d'un jean déchiré en bas – le jour où les créateurs comprendront que toutes les femmes ne mesurent pas un mètre quatre-vingts, je vous l'assure, l'humanité aura fait un grand pas –, d'un sweat-shirt informe et de Converse qui ont manifestement beaucoup vécu.

L'antithèse d'une voyageuse de première.

Sans mon déguisement de fonctionnaire, j'ai juste l'air d'être moi.

Et être moi n'est absolument pas suffisant pour convaincre Man in black, qui secoue la tête avec agacement.

– Ici ce sont les premières classes, m'explique-t-il lentement.

Il est riche, donc intelligent.

J'ai l'air pauvre, donc je suis intellectuellement limitée. Il faut me parler lentement.

– Je sais.

M. Boulot souffle. Va-t-il pouvoir se mettre à travailler sans parasite pour l'importuner ? Je vois qu'il vient de se convaincre que ses impôts financent mon RMI et mes allocations diverses et variées.

– Pouvez-vous me montrer votre billet ? insiste-t-il.

Je m'exécute et le vois examiner le billet avec étonnement, avant de maugréer, de rassembler ses affaires et d'aller tenter sa chance dans une autre voiture.

Je ne peux pas lui jeter la pierre, moi non plus, dans le rôle de la passagère de première classe, si je ne me connaissais pas, je ne le croirais pas.

8 h 54

J'arrive enfin devant le bâtiment où, si j'en crois la convocation imprimée à la hâte la veille au soir, se tient la réunion. Je vérifie mon reflet dans la vitre en ouvrant la porte.

Pantalon à peu près repassé ? Oui.

Chaussures identiques ? Oui.

IPod planqué dans le sac ? Oui.

Ma panoplie de fonctionnaire sérieuse semblant à peu près dans les normes, je m'engouffre dans le bâtiment et me précipite à l'accueil :

– Bonjour. Je participe à la réunion « Coopération décentralisée avec la Chine ». Pourriez-vous m'indiquer où elle a lieu, s'il vous plaît ?

– C'est dans la salle J 589, au cinquième. Ascenseur B, troisième porte à gauche en sortant puis deuxième porte à droite, *voupouvépavoutrompé*, croit-elle judicieux de rajouter avant de se replonger dans l'étude approfondie du dernier régime « tout protéines » suivi par Nicole Richie, si j'en crois la couverture du tabloïd qu'elle est en train de feuilleter.

8 h 58

Devant les trois ascenseurs, j'observe pendant d'interminables secondes les numéros lumineux. Le premier est coincé au sixième étage. Le second est au dixième et monte. Au moment où je regarde où en est le troisième, l'indication « hors service » s'affiche.

Évidemment.

Un coup d'œil à la pendule m'informe qu'il est à présent 9 h 02 et que je suis officiellement en retard. Je me précipite vers l'escalier et grimpe les marches deux à deux. J'arrive au cinquième, écarlate. D'abord, il faut retrouver *l'ascenseur B, puis troisième porte à gauche en sortant puis deuxième porte à droite, voupouvépavoutrompé*.

Voupouvépavoutrompé.

J'atterris dans un bâtiment dessiné par un architecte possédé par Dédale avec des portes fermées partout, et au lieu de me donner une boussole et un café, j'ai droit à *l'ascenseur B, puis troisième porte à gauche en sortant puis deuxième porte à droite, voupouvépavoutrompé.*

9 h 12

Je finis par trouver une vraie fonctionnaire qui, avec le zèle d'un nautonier de Vierzon vous faisant passer la ligne de démarcation, me guide jusqu'à la porte. Je pénètre dans une immense salle à l'atmosphère tamisée où les personnes présentes ne parlent pas mais chuchotent. Un sbire austère me tend le programme de réunion que je parcours avec l'enthousiasme qui s'impose : présentation générale des 2e Rencontres de la coopération décentralisée, exposé de M. J.-P. Bideau, docteur en sciences sociales, sur les nouveaux enjeux chinois, tour de table des différentes coopérations avec la Chine.

Soit, en langage non administratif, délayage de la page d'accueil internet des 2e Rencontres, séance d'infâme verbiage dispensé par un pro en la matière et petite séance d'humiliation publique lorsque je vais devoir présenter notre projet, de plus en plus pourri depuis que Simplet et Alix ont décidé de s'y intéresser.

Aller à ce genre de réunion, c'est un peu comme assister à une cérémonie dirigée par le gourou d'une secte. À cette différence significative que, là, on est payé pour faire semblant de croire toutes les conneries qu'on nous raconte et non le contraire. Et le gourou ne tarde pas à faire son apparition, solennellement annoncé par l'un des huissiers du ministère.

– Son Excellence l'ambassadeur itinérant de France pour l'Asie.

Son Excellence l'ambassadeur itinérant de France pour l'Asie, grabataire rubicond de vinasse et poussif à souhait, s'affale à bout de souffle sur un siège Empire avec toute la légèreté, et probablement l'âge, d'un buffet Henri-IV.

– Bonjour, comme vous le savez, j'ai été récemment nommé ambassadeur itinérant de France pour l'Asie par Monsieur le président de la République qui a voulu honorer toutes les immenses réalisations que j'avais faites pour la coopération décentralisée entre la France et l'empire du Milieu, nous annonce le mandarin avant de faire signe à son sbire de lui servir un verre d'eau.

Ou te trouver une planque dorée te permettant de voyager et de remplir de points ta carte Flying Blue aux frais du contribuable, probablement le temps qu'arrivent les sénatoriales.

– Les 1res Rencontres de la coopération décentralisée franco-chinoise ont permis à plus de quatre-vingts collectivités des deux pays de mettre en commun leurs expériences et leurs souhaits pour l'avenir en matière de développement urbain. Plus de six cents participants sont attendus lors des deuxièmes. Je présume que tous vos élus ont assisté à la première réunion préparatoire. Celle d'aujourd'hui est réservée aux chenilles ouvrières des collectivités, rajoute-t-il, persuadé d'exceller dans l'art du compliment.

Chenilles ? Heu, chevilles ouvrières, éventuellement...

Il balaye rapidement du regard les chevalets des chenilles/chevilles et s'arrête sur le mien.

– Je ne pensais pas voir un membre de votre mairie. Il me semble que votre maire n'était pas présent, je me trompe ?

Misère.

Monsieur le maire a eu des places de choix pour un match de foot le jour de ladite réunion. Et entre voir cavaler vingt couillons derrière un bout de cuir et sa merveilleuse réunion préparatoire, le choix n'a pas franchement été cornélien. J'entends encore le Don répondre à sa secrétaire à qui je venais de donner la convocation : « Deux places dans la loge d'honneur et vous croyez que je vais aller me faire chier à la réunion Chine du vieux ? »

– Monsieur le maire est extrêmement occupé et m'a chargée de vous dire à quel point il était désolé de n'avoir pu se libérer pour cette réunion de haute importance dont il a lu, soyez-en sûr, tous les comptes-rendus avec attention.

Mon voisin ricane et c'est sans grande conviction que je le fusille du regard avant qu'il ne chuchote :

– J'ai travaillé cinq ans avec votre maire. Quiconque l'a déjà un minimum fréquenté ne peut que réaliser que vous poussez le bouchon un peu au-dessus du cercle polaire arctique.

Heureusement pour moi, très peu de participants ont fréquenté le Don et le mandarin continue :

– Avant de faire le tour de table des coopérations, je vous propose d'écouter M. Jean-Philippe Bideau, titulaire d'une thèse sur l'exportation des fromages français au lait de vache en Chine.

L'assemblée hoche la tête avec déférence, tandis que j'essaie de faire le lien entre fromages et coopération décentralisée.

Pendant que mon voisin examine avec passion ses cuticules, le fromager commence à débiter d'un ton monocorde ce que j'identifie comme la page Wikipédia consacrée à la Chine, avec le ton dépassionné d'un professeur d'histoire dictant consécutivement à sa cinquième classe de troisième le bilan de la Seconde Guerre mondiale. Si j'en crois ses hésitations, je dirais qu'il découvre en même temps que nous son discours, manifestement rédigé par son stagiaire du mois.

Une certaine école de pensée, rapidement majoritaire, commence à bâiller pendant qu'à côté de l'orateur, la joue confortablement appuyée sur la main et les yeux clos, l'émissaire du ministre des Affaires étrangères finit sa nuit.

– Avez-vous des questions ? conclut l'intervenant.

Bien que son exposé blindé de chiffres et d'une neutralité à pleurer n'incite pas à poser de questions, une femme se lève et commence à parler de la coopération de sa ville avec une ville chinoise dont je suis incapable de comprendre le nom et encore moins la localisation géographique. Son intervention n'a pas vocation à apporter quoi que ce soit au débat, mais vise uniquement à ce qu'elle puisse s'écouter parler, ce qu'elle fait avec délice pendant les dix minutes suivantes. Le délégué du ministre profite d'un moment où elle reprend son souffle pour la remercier de « cette intervention pertinente » et, oublieux de son air offusqué, propose de démarrer le tour de table.

– On voit que là, on s'apprête à entrer dans le vif du sujet, remarque le mandarin.

Au bout d'une heure et demie, il serait temps.

Mon voisin se met à dérouler un impressionnant inventaire d'actions et je me sens me ratatiner sur mon siège à l'idée de devoir dévoiler notre programme de coopération avec Changchun. Il finit d'annoncer que sa collectivité accueille plus de mille étudiants chinois par an dans le cadre de nombreuses formations et de partenariats inter-universitaires, et me tend le micro.

Je tente d'user jusqu'à la corde de la licence poétique pour exposer nos axes de partenariat et commence à présenter notre projet de mise en place d'un bureau de représentation de la mairie à Changchun.

– Et pour ce faire, vous disposez d'un budget de combien ? s'enquiert mon voisin.

– Vingt-cinq mille euros.

– C'est marrant, c'est pile dix fois moins que ce que nous consacrons à notre propre antenne.

Hilarant, en effet. Je réprime l'envie de l'assommer et me tourne vers ma voisine qui récupère le micro en me regardant avec la pitié d'un enfant qui vient de croiser un chaton à trois pattes. Si cette pitié peut la dissuader de présenter les – forcément extraordinaires – réalisations de sa collectivité, ça me va.

– Et vingt-cinq mille euros, c'est quinze fois moins que notre budget « Chine », commence-t-elle, annihilant mes derniers espoirs en matière de solidarité entre fonctionnaires.

Mai

Land of Confusion

On court le risque du dégoût quand on voit comment se préparent l'administration, la justice et la cuisine.

Nicolas de Chamfort

Jeudi 3 mai

15 h 35

Parfois, je me demande vraiment pourquoi je me suis levée le matin.

Lorsque j'arrive au bureau et que Simplet m'annonce qu'Alix m'attend *immédiatement* dans l'agora de la mairie et que ça fait déjà *trois fois* qu'elle lui envoie un SMS m'intimant l'ordre d'arriver ventre à terre, je ne me demande plus pourquoi je me suis levée, mais pourquoi je ne vais pas me recoucher directement.

– Tu es référente de la DIE dans le groupe de travail « Communiquons autour de notre action à l'international », donc tu vas accompagner le maire lors de son déplacement, décrète-t-il sur un ton qui ne souffre aucune discussion.

En tant qu'administratrice territoriale, j'ai eu l'immense bonheur d'être inscrite référente dans la plupart des groupes de travail de la mairie par le ô combien regretté The Boss. Ces comités de réflexion étant au travail ce que le bavarois Ancel est à la gastronomie française, en faire partie ne m'engageait à rien. J'ai évidemment accepté sans rechigner. La notion de travail étant inconnue des agents les ayant mis en place, aucune réunion n'a été tenue dans aucun des quelque six groupes dont je fais partie.

En me traînant au point de rendez-vous, je réalise qu'il y a pire que l'ennui au bureau.

L'ennui au bureau est confidentiel et il est aisé de s'inventer une vie professionnelle trépidante. Pour ce faire, il suffit d'attraper une pile de dossiers, d'en renverser une partie sur son bureau, de courir dans les couloirs avec l'autre partie sous le bras en adoptant un air oppressé et de clamer à tout crin combien on est dé-bor-dé.

La plupart des personnes du service sont du reste très au fait de cette loi d'airain qu'elles mettent en application dès que faire se peut.

Il est beaucoup plus délicat de simuler lorsque l'on joue les plantes vertes tout un après-midi, désagréablement coincée entre les membres les plus horripilants du Gang des Chiottards et le Don.

Je rejoins Alix et commence à m'avancer vers le Gang lorsque je suis aveuglée par une nuée de flashes à laquelle je réagis naturellement comme tout être humain normalement constitué.

Et doté d'un sens de la politesse et de la poésie sans égal.

– C'est quoi ce bordel, encore ?

Entre deux pianotages frénétiques sur son Black-Berry, Alix manque de s'étrangler devant la stupidité de ma question :

– Ben, le service de presse de l'Élu, voyons !

Évidemment…

Le moindre ruban d'inauguration coupé, le simple déplacement du Don d'un point A à un point B font l'objet d'articles aussi superficiels qu'inutiles dans la feuille de chou locale que Communicator compile dans une revue de presse aussi dense que l'action des élus est dérisoire.

Sauf qu'aujourd'hui, le Don ne coupe rien et est plutôt statique, donc pourquoi avoir convoqué la presse ?

En fait de service de presse, je vois arriver le journaleux officiel du Don, son appareil photo dernier cri accroché au cou, façon touriste japonais devant la Pyramide du Louvre.

Le Don se déplace rarement sans son hagiographe. Enfin, la version du pauvre de Sulpice-Sévère[1], c'est-à-dire le Gros Bébert de la gazette locale, journaliste et photographe à ses heures.

Alix s'avance, la tête haute, le regard droit, aux côtés de l'Élu de manière si solennelle que je m'attends à entendre résonner la 5e Symphonie de Beethoven d'un moment à l'autre.

Pompompompom...

Le Don resserre sa cravate et s'approche, majestueux.

Pompompompom...

Alix dégaine son BlackBerry.

Personnellement, lorsque je vois le Don marcher, c'est immédiatement la musique des *Bronzés font du ski* qui me vient à l'esprit.

À mon mauvais esprit.

Bébert commence à trottiner pour tenter d'emboîter le pas au Don et finit par carrément sprinter pour le rejoindre. Je les regarde s'éloigner de dos et m'attendris comme il se doit sur ce touchant spectacle : vus ainsi, on dirait une boule de pétanque et son cochonnet.

---

1. Sulpice-Sévère fut l'hagiographe de saint Martin de Tours (316-397).

Son BlackBerry collé à l'oreille, Alix arrive et fait pivoter Bébert d'un geste expert pour qu'il prenne en photo le Don en train d'entrer dans une librairie.

– L'Élu ressent le besoin profond de se rendre dans les principales librairies des villes qu'il visite. Comme François Mitterrand…, explique-t-elle lentement pour que Bébert retranscrive fidèlement ses paroles dans son futur article.

Comparer le Don à François Mitterrand est à peu près du même registre que comparer Miley Cyrus à Simone Signoret. Deux élus dans un cas, deux actrices dans l'autre. Rien à voir dans les deux cas.

Pendant que le Don disparaît dans l'antre du savoir, le Gang des Chiottards s'aligne de part et d'autre de l'entrée, façon haie d'honneur. Je m'assieds sur une poubelle et dégaine mon iPod malgré le regard d'effroi que me lance Alix, en grande conversation avec son BlackBerry, sans doute pour négocier la location immédiate d'un tapis rouge.

Un quart d'heure plus tard, Mitterrand-Wannabe ressort de la librairie, l'air ravi, et annonce, à la consternation du Gang des Chiottards qui s'attendait sans nul doute à le voir dégainer un incunable de son sac en plastique :

– Ça valait le coup de venir, j'ai enfin réussi à trouver les deux albums qui manquaient à ma collection de *Lucky Luke* !

14 h 30

– De quoi avons-nous l'air ? se désole Simplet pendant qu'Alix ne lâche son BlackBerry que pour se tordre les mains de désespoir.

Avoir l'air d'amateurs est une chose à laquelle ils sont, sinon habitués, a minima totalement oublieux. En parcourant du regard la salle de réunion vide, je nourris le secret espoir que Simplet a finalement réalisé ce qui m'a semblé patent dès la première minute passée en sa compagnie, à savoir qu'il a l'air d'un vrai con.

Ce qu'il est, évidemment.

– Comment cela se fait-il qu'il n'y ait personne d'autre ? Nous ne pouvons pas recevoir les candidats au poste de VIE tant que Monsieur le maire n'est pas là, déclare Simplet. J'attends qu'il arrive.

Monsieur le maire est affalé dans son bureau devant la télé et un bol de chips, et je doute qu'il en décolle volontairement pour faire passer des entretiens à une poignée de candidats aspirants à diriger un bureau de représentation dont il a probablement oublié jusqu'à l'existence.

Pendant qu'Alix est rivée à son BlackBerry, je retourne à l'étude approfondie de mes pointes de cheveux en me demandant effectivement comment il se fait qu'aucune des personnes convoquées pour faire partie du jury de recrutement ne soit arrivée.

– Mais j'avais demandé à Coralie d'envoyer les convocations avec accusé de réception…, geint Simplet, m'arrêtant net dans mes interrogations.

Si Coconne s'est occupée d'envoyer les convocations, je ne vois même pas pourquoi je continuerais à chercher une explication à la désertification de la salle. Les convocations doivent probablement être dans l'un de ses tiroirs avec un post-it « à poster, urgent ».

Alix fait volte-face :

– Tu as demandé à Coralie Montaigne de se charger des convocations ? demande-t-elle, incrédule.

– Oui, pourquoi ?

– Mais je t'ai dit qu'il ne fallait jamais rien lui confier ! éructe-t-elle, tandis que Simplet se ratatine et avant qu'Alix ne rajoute : Tout est de la faute de Coralie !

Ravi de ce retournement de situation, Simplet exulte et se frotte les mains à la perspective de pouvoir faire preuve de son autorité en passant un savon mémorable à Coconne, évidemment devant témoins, afin de pouvoir répercuter sur son assistante l'ire d'Alix.

– Tant pis, nous allons recevoir les candidats à trois, décide Alix avant de me lancer une pile de CV.

16 h 00

– Une fois de plus, j'avais raison, cette candidate est i-dé-ale pour le poste, se rengorge Alix, pendant qu'assis à ses côtés, Simplet opine du chef avec déférence et enthousiasme.

– Elle est gé-nia-le, renchérit-il.

Je prends une large inspiration avant de me lancer dans l'inventaire des raisons qui font qu'Anne-Lise Trumont, jeune sœur de la meilleure amie d'Alix si j'en crois les vingt minutes que je viens de passer à l'interroger, est probablement la candidate la moins apte à gérer notre bureau de représentation.

– Qu'est-ce que t'en penses ? me demande Simplet, manifestement désireux d'avoir un avis, qu'il n'envisage que favorable, supplémentaire.

Pitié ! Qu'il arrête de me demander de dire à haute voix ce que je pense, ce serait passible de licenciement pour faute grave.

Ne pouvant me résoudre à mentir de manière éhontée, je décide d'édulcorer ma pensée :

– Au risque de me répéter, Mlle Trumont ne parle pas chinois, n'a jamais effectué de séjours à l'étranger, n'a aucune formation scientifique ou économique ni aucune connaissance des us et coutumes chinois.

– Le maire veut une personne qui ne soit pas susceptible d'avoir travaillé pour le PCC, commence Alix.

Je doute que le maire sache localiser Changchun sur un planisphère et de toute façon, le maire veut surtout ne pas être impliqué dans ce dossier pour rester larver devant sa télé, une main dans le caleçon et l'autre autour d'un verre de scotch.

– Tu as tellement moins de hauteur d'esprit que moi, tu ne sais malheureusement pas te projeter dans l'avenir, précise généreusement Alix. Là où tu ne vois que des compétences notées sur un CV, je vois un potentiel humain, un avenir prometteur…

Autant pour moi : Alix n'est ni stupide ni arrogante, elle est humaniste. Penser qu'une candidate qui nous affirme vouloir partir en Chine parce qu'elle a adoré *Lost in Translation* – qui se déroule en Chine, enfin presque… comme chacun sait, le Japon y ressemble, non ? – et se sent capable de parler à des constructeurs automobiles puisqu'elle a eu son permis B du premier coup – enfin presque… mais ça n'était pas sa faute, le feu rouge a surgi d'un coup – ne conviendra absolument pas est effectivement la preuve incontestable de mon esprit rétrograde.

Au moment où je pense pouvoir affirmer que la situation ne peut être pire, le Don débarque :

– Je viens de lire le budget consacré à votre antenne, bureau ou Dieu sait comment vous avez nommé cette pompe à fric… trois mille euros par an pour louer un bureau dans un open space au fin fond de la Chine ? Mais c'est énorme !

Pendant qu'Alix fait mine de ne pas entendre, Simplet bombe le torse et déclare :

– Je vais tout arranger. Ne vous inquiétez pas, la négociation, je gère. J'ai du reste suivi un séminaire de formation en la matière.

Super, on va pouvoir le refiler au GIGN pour parlementer lors des prises d'otages. Sans gilet pare-balles, évidemment. Il a un BlackBerry, ce qui devrait suffire amplement.

– Zoé, donne-moi le numéro de portable de Li Wang ! exige-t-il en claquant des doigts avec impatience.

– Avec plaisir, mais ce n'est pas du tout lui qui s'occupe de la location du bureau, nous sommes passés par la Mission économique de France en Chine.

Simplet encaisse la nouvelle, mais se ressaisit vite :

– Évidemment, je le sais très bien. Tu penses que je suis bête à ce point ?

Honnêtement ?

– Vous voulez toujours le numéro de Li ?

– Je n'ai jamais dit que j'en avais besoin maintenant, mais tu vas me le laisser sur mon bureau.

– Très bien.

Je sors de la salle, me rends sur le parvis de la mairie, allume une cigarette et me laisse couler contre le mur. Au moment où je range mon briquet, j'exhume de ma poche la carte cornée de Pierre McCallister. Projet « Une école au Sénégal ».

– Fumer tue, me fait remarquer aigrement Alix qui a surgi derrière moi.

La connerie aussi, mais, malheureusement pour l'avenir de notre antenne en Chine, c'est plus long.

Lundi 14 mai

14 h 34

Alors que l'imprimante finit de crachoter un rapport sur la construction d'une école à Niemeneke, je surligne les vaccins obligatoires et les traitements conseillés aux voyageurs. En matière d'aide à la prise de décision rapide, Internet est un véritable pousse-au-crime. Sans Internet, prendre une décision sur un coup de tête est effectivement malaisé. Rassembler la documentation éparpillée aux quatre coins de la ville, aller récupérer les billets d'avion, prendre rendez-vous avec son banquier pour une simulation de six mois sans salaire ont effectivement un fort pouvoir dissuasif qui disparaît lorsqu'on a la possibilité de faire toutes ces démarches par écran interposé.

Je récupère le dernier rapport, décide de faire une pause et lance le DVD de *Prison Break*.

C'est ce moment que choisit Monique pour débarquer dans mon bureau, au trente-sixième dessous.

– Qu'est-ce que tu fais ? me demande-t-elle, apparemment mal à l'aise.

– Je refonde les tableaux de bord des Affaires inter-nationales afin de permettre une évaluation plus effi-cace de l'action de ce service, et vous ?

– Ben, j'ai un souci, en fait.

Elle s'assied et me lance un regard catastrophé :

– Tu te souviens des ordinateurs Windows Vista, avec imprimantes laser couleur et scanners que j'ai fait envoyer il y a deux mois en Éthiopie ?

J'ai forcément dû mal entendre.

– Vous avez fait envoyer en Éthiopie des ordina-teurs Windows Vista avec imprimantes laser couleur et scanner ? Mais nous n'avons même pas Windows Vista dans nos propres bureaux !

Je secoue la tête, incrédule, avant de continuer :

– Je reprends. Vous avez fait envoyer en Éthiopie des ordinateurs Windows Vista, avec imprimantes laser couleur et scanner, alors que plus de quatre millions de personnes y meurent de faim ?

C'était quoi l'idée ? Que la population fasse ses courses de bouffe sur Internet ? Même Coconne n'aurait pas eu une idée pareille ! Cela dit, à quoi pouvais-je m'attendre venant de quelqu'un qui a donné la pilule contraceptive à son chat pendant deux ans avant de réaliser que c'était un mâle ?

– Sans compter que la seule coopération qu'on a avec les hautes terres est logiquement axée sur le dévelop-pement agricole…

– Justement, ajoute Monique. Il me semblait perti-nent de leur permettre d'avoir accès à des informa-tions extérieures, alors quoi de mieux qu'Internet ?

– Internet ? En Éthiopie ? Quatre-vingt-dix pour cent de la population est rurale, elle n'a certainement pas accès à Internet et probablement pas l'électricité tout court !

266

– Ben oui, c'est justement ça, le problème, avoue-t-elle. Ils n'ont pas l'électricité, donc pour qu'ils utilisent les ordinateurs, c'est râpé. Qu'est-ce que je vais bien pouvoir faire ?

– Qui a validé ça ?

– Clothilde a signé, je ne suis pas sûre qu'elle ait lu ma note et elle est en congés, et Nicolas Baudet est en réunion à l'extérieur avec Alix.

Évidemment. Simplet multiplie les soi-disant réunions à l'extérieur. De cette réunion, comme de toutes celles auxquelles il assiste, nous ne verrons jamais de compte-rendu. Juste des fiches de frais de mission avec des notes conséquentes de déjeuners et de transport en première classe.

– Je me suis dit que tu trouverais bien une solution. Après tout, tu es administratrice territoriale, m'explique Monique d'un ton suppliant.

Pourquoi est-ce toujours dans ce genre de moment de pure lose qu'on se souvient que je suis administratrice territoriale ? Pourquoi n'est-ce jamais au moment des avancements internes ?

Je soupire et demande :

– Qui a réceptionné les ordinateurs et le reste ? L'ambassade ?

– Probablement, oui.

– Dans ce cas, il faut leur téléphoner pour leur demander de nous les renvoyer. Combien en aviez-vous expédiés ?

– Cinq PC, trois imprimantes et deux scanners.

Quand Monique fait une ânerie, le moins qu'on puisse dire est qu'elle ne la fait pas à moitié !

– Voyez avec Michelle s'il faut ouvrir une nouvelle ligne budgétaire. A priori, non, mais vérifiez quand même.

– Je vais lui téléphoner, répond Monique. Tu crois que Simplet va râler ?

– Bien sûr que non, il sera ravi de voir que vous avez su prendre une initiative.

– Vraiment ?

– Non. Préparez-vous à aller à Canossa.

– Tu crois vraiment qu'il faut que j'aille moi-même récupérer les ordinateurs en Éthiopie ? demande-t-elle, ébranlée.

– Non, je voulais dire qu'il va falloir préparer une excuse au cas, heureusement pour vous fort peu probable, où il l'apprendrait. Appelez Michelle, ensuite l'ambassade et rapatriez les PC en soute d'avions sanitaires. Ne vous inquiétez pas, j'ai déjà vu pire.

– Vraiment ? demande-t-elle, les yeux plein d'espoir.

– Non. Mais je suis là depuis à peine plus d'un an.

Vendredi 18 mai

– J'ai lu votre note, m'informe l'élu en charge des relations internationales en me faisant signe de m'asseoir. Vingt-trois ans, niveau d'études : 2e année de BTS, ne parle pas un mot de chinois, aucune formation en matière d'automobile, alors que nous avons décidé de concentrer notre bureau de représentation sur les entreprises automobiles, lit Hugues, incrédule.

Je hoche la tête sombrement. C'est encore plus absurde à entendre qu'à écrire.

– La fiche de poste que vous aviez rédigée n'aurait même pas dû pouvoir attirer des profils pareils ! Que s'est-il passé ?

Il est toujours délicat de trouver le juste équilibre entre vider son sac à son élu au risque de passer pour une lèche-bottes en mal de psy et adopter un ton parfaitement technocratique pour lui faire croire que tout va pour le mieux dans le meilleur des services. Sachant qu'Hugues est parfaitement au fait du contexte, j'opte pour un sobre :

– Il s'est passé Alix et Nicolas Baudet.

Il secoue la tête, agacé :

– Le népotisme est la plaie de cette mairie. Ce dossier est déjà sensible, nous ne pouvons pas nous permettre de mettre n'importe qui à la tête de ce bureau.

– Vous prêchez une convaincue, mais ce n'est pas moi qui décide.

– Et je ne compte qu'une voix au Conseil municipal… Vous qui l'avez reçue, pensez-vous qu'il soit envisageable qu'elle apprenne à se débrouiller un minimum en chinois d'ici son départ ?

– J'en doute.

– Que vaut le remplaçant de M. Dupuy-Camet ?

Rien.

Ce service est à M. Baudet ce qu'un cure-dents est à un coq : une chose qui lui est dramatiquement étrangère, dont il ne sait que faire et qui lui sert uniquement à crâner devant le reste de la basse-cour. Mais aucun cure-dents ne vaudra jamais un million d'euros, ni n'influencera la destinée professionnelle de vingt personnes. Par-delà l'aspect absurde de la chose, c'est navrant et tragique.

À la place, je cherche une formule bateau, une réponse diplomatique, mais je ne trouve rien.

– Pour rester dans une douce litote, je ne suis absolument pas convaincu de son efficacité, lâche Hugues, m'encourageant implicitement à révéler ce que je pense vraiment de Simplet.

Je hausse les épaules.

– En 2001, lors du décodage du génome humain, les généticiens ont découvert qu'un et demi pour cent seulement des gènes de l'homme et du chimpanzé différaient. Cinq cents gènes. Chez certaines personnes que je ne nommerai pas, j'ai parfois l'impression que c'est beaucoup moins.

– Comment envisagez-vous votre avenir à la mairie dans ces conditions ? continue Hugues.

Rien n'est plus absurde que devoir simuler un plan de carrière qu'on a de moins en moins envie d'avoir, feindre l'enthousiasme nécessaire pour s'inventer des rêves de carrière que je devrais fantasmer d'avoir, selon les PowerPoint des consultants de l'ETA, ou prétendre chérir le *Code général des collectivités territoriales* et le *Code des marchés publics* alors que le seul avenir commun que j'entrevois avec ces deux pavés imbitables est de les utiliser pour caler mes étagères. Je décide d'avouer :

– Je ne pense pas être capable de rester à la mairie encore longtemps. Pour le moment, j'ai envie de prendre un congé sabbatique de six mois pour partir au Sénégal aider à la construction d'une école.

– Les élections municipales approchent. Le maire actuel nourrit des ambitions politiques nationales. Il ne devrait pas se représenter, l'ensemble de ses vassaux partira, Alix et Nicolas Baudet inclus. Je ne vous dis pas que ce sera la panacée, mais ce sera forcément mieux. Si vous avez d'autres projets pour les mois qui viennent, foncez !

Hugues surprend mon regard étonné et sourit :

– Même au sein d'une majorité politique, il est parfois difficile de présenter un front uni et d'approuver ce que fait la tête de liste, vous savez.

– Je m'en doutais, vous venez de m'en donner la confirmation. Pour l'antenne, honnêtement, je ne sais que faire pour éviter le désastre.

– Ne vous en faites pas, je vais téléphoner au supérieur de Li Wang, il bloquera le visa de la VIE. Après les municipales et à votre retour, nous aviserons.

Juin

Should I stay or should I go ?

I looked into that philosopher you quoted, Jagger, and you're right, « You can't always get what you want », but as it turns out « if you try sometimes you get what you need ».

Lisa Cuddy,
House MD

Mardi 5 juin

11 h 25

– Comment ça, pas possible ? s'insurge Simplet pendant qu'Alix mime les working girls épuisées en se pinçant les sinus d'un air absolument éreinté.

La phrase « cela n'est pas possible » posant de toute évidence des difficultés de compréhension insurmontables pour le cerveau atrophié de Simplet, je commence à développer :

– Nous ne pouvons pas le faire. Les élus ont voté un règlement d'intervention présentant des critères d'éligibilité stricts et votre dossier ne répond pas à ces critères.

À voir son air ahuri, je comprends rapidement que je l'ai noyé sous un vocabulaire que son évolution cérébrale ne lui permet pas de dominer. À ses côtés, les yeux rivés à son BlackBerry, Alix continue son massage sinusal, peut-être dans une vaine tentative pour mobiliser ses deux neurones qui se battent en duel.

– Il faut que ce soit possible, déclare Simplet après avoir simulé une longue réflexion. Je ne vois que ça.

Simplet, mon grand, il faut te dépêcher de voir autre chose, car ce que tu envisages est illégal.

– Au risque de me répéter, en l'état actuel du droit de notre collectivité, nous ne pouvons accorder de subventions pour que la belle-sœur du cousin du metteur en scène que vous connaissez aille tourner un film en Chine, qui plus est dans une autre province que le Jilin.

– T'as bien dit « en l'état actuel du droit » ? demande Simplet.

Je ne sais pas si je dois me réjouir qu'il ait effectivement compris la première partie de ma phrase ou si je dois me préparer à ce que je vois arriver gros comme une maison.

– Ben, on va changer le droit, alors, continue-t-il.

J'en ai marre que tout ce que je redoute finisse par arriver.

Il va peut-être falloir que j'arrête de redouter.

– Excellente idée, s'exclame Alix en délaissant ses sinus et son BlackBerry. Zoé, tu vas nous rédiger un projet d'avenant au règlement d'intervention.

Je tente de protester :

– Mais au-delà de la seule question juridique, cela ne rentre pas du tout dans notre politique de coopération.

– Eh bien, tu vas le faire rentrer, décrète Simplet. C'est la belle-sœur du cousin de Charles, conclut-il avant de hocher la tête, pleinement satisfait de son argument imparable.

Ça pourrait être la belle-sœur de la cousine de la reine d'Angleterre que cela ne changerait rien. Les subventions que nous accordons ne sont déjà pas énormes, alors si on commence à saupoudrer l'intégralité de l'arbre généalogique des vagues connaissances de Simplet…

– Si vous voulez modifier les règlements juridiques de la mairie, je vous suggère de contacter directement le service juridique.

Et vu leur élu de référence, aussi rigoureux et respectueux de la légalité que Fred est laxiste et oublieux des bases du droit, le film de la belle-sœur du cousin de Charles ne va pas être tourné aux frais du contribuable avant un bon bout de temps.

Simplet fronce les sourcils comme un enfant de trois ans à qui on aurait refusé un troisième tour de manège. Le problème avec le sale gosse capricieux à qui l'on a donné les manettes d'une direction générale est que son pouvoir de nuisance est infiniment plus élevé que celui qui n'a pas réussi à attraper la queue du Mickey. La sanction tombe immédiatement :

– Au fait, Alix et moi pensons qu'il est plus sage de te retirer le dossier « Chine ».

– Plus sage ? Comment ça ?

– Tu comprends, tu gères beaucoup de dossiers et ton poste risque de prendre trop d'ampleur. Les autres chargés de mission ne comprendraient pas.

Avec quatre heures de boulot hebdomadaires, dont trois consacrées à des réunions auxquelles je n'ai pas à être, le risque que je cours est effectivement d'avoir un poste gonflé d'ampleur.

Simplet ou la lâcheté faite homme. Au lieu de me dire que je suis évincée du dossier parce que j'ai pointé que la VIE sélectionnée parmi le carnet d'adresses d'Alix a toutes les qualifications nécessaires dans un monde absurde – elle n'a aucune famille d'origine chinoise et n'a jamais mis les pieds à l'est de Strasbourg – à l'exception des compétences requises,

Simplet préfère se planquer derrière un concept qui lui est totalement étranger : l'égale répartition des tâches entre les chargés de mission.

– Sans compter ton attitude inadmissible, renchérit Alix. Anne-Lise m'a téléphoné pour se plaindre de ton comportement, toutes ces questions que tu lui posais, comme si tu cherchais à l'accuser...

– J'ai du mal à concevoir un entretien de recrutement sans questions...

– As-tu déjà envisagé des séminaires de communication pour modérer ton discours ? m'interroge Simplet.

Simplet, sache qu'en ce moment même, je suis la modération faite femme. Preuve en est l'absence héroïque des termes « connard arrogant », « crétin manipulé » ou « néant intellectuel » dans mes discussions avec toi.

– Tu peux disposer, déclare Simplet en se jetant sur son BlackBerry, me signifiant par là que notre fructueux échange est arrivé à son terme.

Je me lève en secouant la tête d'incrédulité alors qu'Alix prend la sienne dans ses mains de façon dramatique. Électre apprenant la mort d'Agamemnon n'avait pas l'air aussi effondrée.

– Avec les municipales qui arrivent, je suis au bord du burn-out, se met-elle à geindre, tandis que je prends sur moi pour ne pas claquer la porte en sortant.

12 h 05

J'entre dans mon bureau et y découvre un immense sac réutilisable en plastique rigide bleu électrique.

– Je ne me souvenais plus exactement de ce que vous vouliez, m'annonce Coconne qui, à en juger par sa façon de jaillir de nulle part, devait guetter mon retour.

Pendant que j'examine le sac en me demandant quelle consigne elle a bien pu mal interpréter pour me rapporter ce truc, Coconne précise :

– Je me souvenais juste que c'était bleu.

– Coralie, vous êtes en train de me dire que c'est ce sac que vous m'apportez à la place de l'agrafeuse que je vous ai demandée il y a quinze jours ?

– Ah oui, c'était une agrafeuse ! Les bleues, les grands modèles, c'est ça ?

Au moment où je sens que je vais exploser et étouffer Coconne dans son sac en plastique, à défaut de pouvoir le lui agrafer sur la tête, je décide de prendre une large inspiration en me concentrant sur le fait que Coconne fait juste sa Coconne et qu'un peu de normalité peut être réconfortant.

J'attrape mon iPod et me dirige vers la porte.

– Mais où vous allez ? demande Coconne, le sac dans les mains.

– En réunion à l'extérieur !

– Mais il y a rien sur votre agenda, proteste-t-elle, confirmant mes soupçons que dès que j'ai le dos tourné, elle fouille dans mes tiroirs de bureau.

– Comme je présume que vous n'avez pas encore mis mon téléphone sur écoute, vous ne savez pas que cette réunion vient de se rajouter.

Laissant une Coconne hébétée, je quitte la mairie au pas de charge.

19 h 05

Je sors du cinéma les yeux explosés d'avoir enchaîné trois films à la suite. J'ai le cerveau tellement embrumé que je serais incapable d'affirmer que Brad Pitt joue dans *L'Assassinat de Jesse James par le lâche Robert Ford*, *Michael Clayton* ou *Resident Evil : Extinction*. Je me souviens juste de l'avoir vu avec George Clooney et Leeloo Dallas Multi-pass[1].

Je me laisse choir lamentablement sur le canapé, attrape mon téléphone et appelle le fils de François McCallister pour l'informer de mon arrivée à la fin du mois.

Vendredi 8 juin

15 h 15

Les couloirs du service sont pratiquement déserts et l'expression « quand le chat est parti, les souris dansent », plus d'actualité que jamais. Simplet est rentré d'un séminaire bidon pour partir immédiatement à une réunion fumeuse, les deux chefs de service sont aux abonnés absents et les rares personnes encore présentes parlent logiquement du seul projet qui les intéresse : les vacances.

---

1. Personnage du film *Le Cinquième Élément* incarné par Milla Jovovich, actrice principale de *Resident Evil*.

Dans les limbes entre un déjeuner bien arrosé et un goûter alcoolisé, Monique, le Bizut et moi achevons notre troisième partie de poker.

– Full, s'exclame Monique en déposant ses cartes sur mon bureau.

– Carré. Allez, Cyrille, montre-nous tes cartes.

– J'ai eu une donne atroce, se plaint-il pendant que je récupère leurs dix euros.

– Un strip-poker m'aurait coûté moins cher, se désole Monique.

Honnêtement, je ne vois pas la plus-value que je gagnerais à les voir nus tous les deux, alors que je sais déjà comment dépenser les soixante euros que je viens de remporter en moins d'une heure.

– On a vu assez d'horreurs pendant la guerre. J'avais proposé qu'on joue des trombones et c'est vous qui avez voulu, je cite, « pimenter le jeu », donc soit on joue de l'argent, soit je ne joue pas et je vous laisse faire une bataille !

– Quelle vénalité… allez, distribue, je vais me refaire de toute façon, déclare-t-elle avec emphase en finissant une bière probablement subtilisée dans la réserve de Pierre-Gilles.

– Cette fois, je mélange avant, déclare Cyrille. Parce que j'en ai assez d'avoir des cartes minables à chaque fois.

J'ai à peine le temps de lui tendre le jeu que nous sommes interrompus par l'arrivée d'une Coconne à l'air désolé.

– M. Baudet vient de m'envoyer un message et j'ai rien compris.

Je récupère le mail qu'elle me tend et commence à lire à voix haute :

– « Je me pose la question de l'opportunité de la concomitance des réunions avec la CCI et la société Pommard. Qu'en dites-vous ? »

Tiens, Simplet a investi dans un agenda avec un mot compliqué par jour.

Rien ne nous aura été épargné.

Pendant que Monique et le Bizut ricanent, Coconne me regarde les yeux ronds :

– Moi, j'en dis rien, je la comprends même pas, sa phrase.

– Il veut juste savoir si l'on peut tenir les deux réunions en même temps et la réponse est non, car la CCI veut discuter du partenariat qu'on a avec le Bade-Wurtemberg, tandis que la société Pommard s'intéresse à l'antenne qu'on monte à Changchun.

– Il va falloir téléphoner à la société Pommard, car M. Baudet a déjà modifié leur horaire de réunion, m'explique Coconne.

– Cyrille, comme Simplet m'a virée du dossier « Chine », ça devient ton dossier et donc ta réunion. Tu les appelles ?

Cyrille quitte le bureau, non sans avoir pris la précaution de récupérer le paquet de cartes.

– Au fait, j'ai appris, tu ne pars pas en Grèce avec l'Amicale…, s'étonne Coconne.

Je ne veux même pas savoir ce qui a pu l'inciter à penser le contraire.

L'Amicale propose à ses membres de payer pour vivre ce qui représente ma version de l'enfer sur Terre, à savoir partir dans la version adulte des colonies de vacances avec tous mes collègues. Partant du postulat drastiquement erroné que mes collègues sont évidemment mes meilleurs amis et qu'en conséquence il serait inenvisageable de partir en vacances sans eux.

Curieusement, c'est quelque chose que j'envisage très bien.

– Comme c'est dommage, regarde tout ce que tu vas rater, regrette Coconne en me tendant une brochure en couleur.

Je réussis l'exploit de ne pas pouffer en lisant le titre de la brochure – « Une pause s'impose » –, et commence à la feuilleter avec autant d'implication personnelle que s'il s'agissait d'envoyer mes Sims[1] en voyage. Le catalogue inventorie une liste de sports et d'activités dont j'ignorais l'existence jusqu'alors et qui me font réaliser combien je souhaite avant tout rester dans cette douce ignorance : aux traditionnelles mais pour moi inconcevables soirées karaoké et après-midi saut à l'élastique, je découvre que durant ses vacances, Coconne va pratiquer le Skimbat sur roller, le softball et participer à une soirée « je suis un poète » dont la seule description me donne envie de partir en courant.

Ma grimace ne décourage pas Coconne qui se lance dans un numéro de prosélytisme pro-Amicale étonnamment bien argumenté.

Le Bizut débarque, en secouant la tête, ennuyé. Je reconnais immédiatement son expression : sa bouche tordue et son air inquiet indiquent clairement une lutte entre sa volonté d'être parfaitement autonome et son incapacité à remplir la consigne que je lui ai donnée.

– Il y a un problème, Cyrille ?

– En fait, je n'arrive pas à téléphoner à la société Pommard, m'explique-t-il.

---

1. Les Sims sont un jeu vidéo de simulation de vie de personnages fictifs.

– Je ne vois pas où est le problème. Prends ton téléphone et compose de tes deux petits doigts agiles le numéro que je t'ai donné.

– Le problème, c'est que ça sonne bizarrement, m'expose-t-il.

Diantre !

– Ça sonne bizarrement ? Ça ne vient pas de tes doigts, dans ce cas. Cyrille, tu composes bien le zéro pour appeler l'extérieur ?

Il me regarde, suffoqué :

– Comment suis-je censé savoir qu'il faut composer le zéro pour appeler à l'extérieur ?

En sept mois de mairie, il n'a donc jamais passé de coups de fil extérieurs ?

– La liste de numéros placardée en face dudit téléphone me semble assez explicite, non ?

– Celle où il y a le numéro des pompiers ? demande-t-il.

– Oui. Du reste, si tu ne composes pas le 018, tu ne joins personne.

Il pâlit et se laisse tomber lourdement sur une chaise.

– J'aurais pu mourir brûlé vif, murmure-t-il, sévèrement ébranlé par cette constatation.

Ce garçon a décidément un sens poussé du drame. Autant abonder dans son sens.

– Exactement. Tu peux donc considérer que je viens de te sauver la vie, ce qui signifie que tu m'es redevable, sinon pour l'éternité, au moins pour les deux prochaines minutes. Alors, appelle la société Pommard !

Lorsque le Bizut revient, il me tend le paquet de cartes que je distribue en essayant d'ignorer l'arrière-fond sonore coconnien. Que sa vie personnelle soit tellement sinistre qu'elle n'envisage pas de passer quinze jours de vacances sans voir ses collègues est déjà quelque chose que j'ai du mal à imaginer, mais si elle pouvait éviter de se croire obligée de convaincre le ban et l'arrière-ban de venir avec elle, ça m'arrangerait.

– Zoé, qu'est-ce que tu vas faire maintenant que tu n'as plus le dossier « Chine » ? demande Cyrille tout en grimaçant à la vue de ses cartes.

– Je vais partir quelque temps. Huit mois très exactement. Mes deux mois de vacances et le reste de mes RTT, plus six mois de congé sabbatique. Lorsque le Don sera parti et que mon banquier me harcèlera, je reviendrai.

– Mais qu'est-ce que je vais faire tout seul ? commence à se lamenter le Bizut.

– Aujourd'hui, tu as fait un grand pas dans ton apprentissage, tu sais désormais passer des coups de téléphone. Pour le reste, je crois que tu es prêt. Tant que tu sais faire semblant de travailler et que tu fais vérifier les documents importants à Michelle, tout se passera bien.

– Ou à moi, intervient Coconne.

Monique lève les yeux au ciel et je répète :

– Tant que tu fais vérifier les documents importants à Michelle.

Je jette un coup d'œil à mes cartes : quinte flush royale.

– En revanche, le poker, oublie. Lorsque tu sauras bien simuler tes compétences au boulot, tu pourras tenter de bluffer au poker, sinon tu vas vraiment finir ruiné.

Mardi 12 juin

9 h 15

J'arrive dans mon bureau pour trouver un épais document surmonté d'un post-it « Puisque tu n'as plus le dossier Chine, N. Baudet a dit que tu pourrais corriger mon guide. Merci ! Monique »

Super.

Me voici officiellement correctrice de la DIE.

9 h 27

Monique vient s'enquérir de la valeur de son travail avec l'air oppressé d'une élève de CM2 qui fait corriger son cahier de problèmes par son instit.

– Alors ? me demande-t-elle anxieusement.

– Tu sais, je n'ai parcouru qu'une dizaine de pages…

… et accessoirement corrigé une trentaine de fautes d'orthographe.

– Parce que je n'ai pas eu le temps de relire, me confie-t-elle.

Mue par une pulsion diplomatique, je me compose un air surpris et cède à une pulsion hypocrite :

– Vraiment ?!

– Je ne voudrais pas avoir l'air de quelqu'un qui ne sait pas écrire correctement, parce que j'écris correctement.

Ding, ding, ding, on a une candidate pour la dictée de Pivot. Enfin, dès qu'elle aura compris que les verbes ne prennent pas de « s » à la troisième personne du pluriel.

– Tu as l'air super-tendue en ce moment, ajoute-t-elle. Tu as déjà pensé à te mettre au Sahaja yoga ?

Comme de venir au boulot en tutu rose, pourquoi ?

– Non, je t'avouerai que je n'y ai jamais vraiment pensé.

– Parce qu'il n'y a rien de mieux pour ouvrir ses chakras, et j'ai l'impression que certains des tiens sont fermés, diagnostique-t-elle gravement.

Diantre, ça a l'air sérieux.

– Ton chakra du Vishuddhi[1] a toujours été fermé, soyons réalistes…

Réalistes ? Parce qu'on patauge effectivement dans le réalisme en ce moment…

– … mais je sens bien que tes chakras du Swadisthan et du Mooladhara ne sont guère plus ouverts.

– Monique, j'ai deux cents pages d'un guide incompréhensible à corriger, je déboucherai mes chakras après, OK ?

1. Il existe sept différents chakras : le chakra du Mooladhara (innocence, sagesse, pureté, équilibre), celui du Swadisthan (créativité, esthétique, inspiration, connaissance), celui du Nabhi (paix, satisfaction, bien-être, générosité, attention), celui du cœur (amour, joie, confiance, sens de la responsabilité), celui du Vishuddhi (communication, diplomatie, respect vis-à-vis de soi-même et des autres), celui de l'Agnya (pardon, compassion, humilité) et celui du Sahasrara (réalisation du soi, conscience sans pensée).

Monique balaie mon argument d'un revers de main exaspéré :

— Zoé, c'est important ! Les chakras forment un réseau de canaux et de centres d'énergie qui veillent à notre bien-être physique, émotionnel, mental et spirituel. Si trois de tes centres sont fermés, c'est tout ton être qui est défaillant. Car chaque chakra est la source de qualités spirituelles. En ce moment, ces qualités n'arrivent pas à s'exprimer. Sans compter que tu es très tendue…

Naaaaaaan, je ne vois pas ce qui peut te faire penser une chose pareille !

— Je vais te prêter un petit guide de méditation et un autre d'exercices purs de yoga. Tu verras, ta vie va changer ! La méditation va développer et améliorer tes qualités spirituelles et les positions de yoga vont te permettre de te détendre. Depuis que j'ai découvert ça sur Internet, dès que je subis une petite contrariété, je prends le temps de me relaxer et de faire quelques exercices.

Monique, si à chaque contrariété je dois faire les pieds au mur, autant adopter la position du poirier jusqu'à la fin de mes jours.

11 h 45

Le guide pratique des chakras prêté par Monique ne me promet rien moins qu'une « seconde naissance », point de départ de mon véritable épanouissement, ma vie n'ayant été jusque-là que le pitoyable brouillon de l'extraordinaire existence qui m'attend dès la fin de ma lecture.

Je décide d'alterner un chapitre du guide à corriger avec un chapitre du manuel du bien-être absolu. Après avoir repris certains passages, corrigé une armée de fautes d'orthographe et émaillé le guide d'injonctions à mettre des alinéas, les connaissances de Monique en matière de mise en page semblant plus qu'approximatives, je commence à m'adonner avec incrédulité à la découverte de mes « roues de lumière » censées me « relier au monde spirituel ».

Impressionnant. Depuis les cours de l'ETA, je n'ai rien lu de plus pompeux et creux. Sauf que, contrairement aux cours, cette ânerie occulte ne se prétend ni intellectuelle ni formatrice, ce qui la rend au final plutôt distrayante.

Les sacrifices pour atteindre le bonheur ultime ne se limitant pas à la méditation et étant donné que le point de départ de tout exercice de méditation préconisé dans le livre, à savoir « faire le vide dans sa tête », m'est de toute façon inaccessible, j'enchaîne avec l'enthousiasme qui s'impose le deuxième ouvrage.

Une série d'exercices pratiques de la posture de zazen censés détendre. Je regarde, hilare, les différentes postures de base présentées… enfin, les « asanas ».

Une fois mes dernières corrections apposées sur le guide, je décide de mettre en application les schémas ô combien intrigants du manuel. Monique m'a appâtée en réalisant une démonstration particulièrement remarquable puisqu'elle a touché ses pieds sans plier ses genoux, atteignant, sous mes yeux éblouis de fonctionnaire incapable de réussir une galipette arrière, le Graal de la souplesse.

L'heure qui suit passe exceptionnellement vite. Je tente l'Adho Mukha Svanasana, sorte de pont à l'envers, les fesses en l'air, que je réussis vaguement sans me démonter les vertèbres. Enhardie par un tel succès, j'enchaîne avec l'Utthita Hasta Padangusthasana – debout, une jambe au sol, l'autre tendue à angle droit – sans réaliser que le mur du bureau est quand même super-fin.

À peine ai-je tendu la jambe – et heurté très légèrement notre mur mitoyen – que Paloma débarque, le visage déformé par l'inquiétude, en se demandant quelle ânerie j'ai encore pu inventer.

Forte de ma nouvelle zénitude, je lui explique que l'époque où je jouais de la raquette de badminton cassée en écoutant les Clash pour évacuer non mon stress mais mon incrédulité face à un service de branques, est désormais révolue et que je suis à deux asanas d'atteindre l'ataraxie, si seulement on pouvait me laisser tranquille deux minutes, p* de b*l de m*de à la fin, quoi !

Afin de tuer ma dernière heure de présence de la journée, je démarre le bouquet final, la dernière ligne droite vers le nirvana spirituel. Une sorte de chandelle absolument grotesque, adossée à un mur. Je change de mur afin que Paloma ne me surprenne pas les jambes en l'air et débute la posture Viparita Karani. J'enchaîne avec un essai raté d'Upavishta Konasana et tente Badda Konasana tout en me remémorant les instructions du guide : « Les bras exercent une rotation vers l'extérieur pour permettre à la poitrine de rester dans une posture ouverte, naturelle. »

Pour qui la position « chandelle avachie contre mur de bureau » est-elle naturelle ?!

L'ataraxie promise par le manuel ayant le mauvais goût de se faire attendre et les crampes arrivant, je m'écarte du mur et, dans un sursaut de dignité, vais rendre à Monique son guide corrigé et ses manuels.

Jeudi 14 juin

9 h 40

– C'est dommage que tu n'aies pas persévéré, regrette Monique alors que je masse mon épaule douloureuse, conséquence du Badda Konasana raté de l'avant-veille. Je suis persuadée que le yoga t'aurait aidée.

– On saura jamais… ça fera partie des grands mystères de la vie.

– J'ai fini d'apporter les corrections au guide.

– Déjà ? Super !

Je commence à feuilleter le guide et manque de m'étrangler. Je sens tous mes chakras se refermer d'un coup et mes courbatures revenir en force.

Je dois me souvenir d'un mantra pour ne pas commencer à hyperventiler. *Memento mori.* « Souviens-toi que tu mourras. » Voilà qui devrait relativiser les choses.

– Monique…

– Oui ?

– Y a-t-il une raison particulière pour que tous les paragraphes du premier chapitre du guide commencent par « Alinéa » ?

– C'est ce que tu m'as dit de mettre ! proteste-t-elle, indignée.

Memento mori, memento mori, memento mori sans doute plus vite que prévu, même.

– Lorsque j'ai indiqué « alinéa », c'était pour que vous fassiez un alinéa, que vous décaliez légèrement la première ligne de chaque paragraphe, de façon à ce que le guide soit plus agréable à lire, plus aéré…

– Forcément, si tu codes tes instructions, soupire-t-elle. Et quand tu soulignes les mots, ça a une signification ?

Memento mori, memento mori, memento mori et ce sera sa faute.

– Ça signifie juste que vous devez corriger les fautes d'orthographe.

Monique avise le projet de guide quasiment intégralement souligné.

– Tu es quand même super-pointilleuse…, lâche-t-elle d'un ton lourd de sous-entendus avant de sortir de mon bureau.

Jeudi 21 juin

9 h 27

Je sors de l'ascenseur en me frottant les yeux et manque de me faire renverser par Simplet qui, dans une magnifique chorégraphie bureaucratique, resserre sa cravate de la main droite et agite un dossier de la gauche.

– Je voulais justement te voir ! s'exclame-t-il.

À la perspective de ne pas les voir, lui et son âme damnée latrinesque, pendant huit longs et divins mois, je ne peux me retenir de soupirer d'aise en hochant la tête. Simplet me regarde d'un air surpris et tandis que je redescends sur terre, m'annonce :

– J'ai longuement réfléchi et je vais t'envoyer à la réunion sur le management qui a lieu à Londres mardi prochain.

En tant que chargée de mission qui ne manage absolument rien ni personne, je suis évidemment directement concernée par ce type de réunion.

– Vous n'y allez pas ?

– Je suis malade en Eurostar, m'explique-t-il sur le ton de la confidence.

Ça, ou alors il ne parle pas anglais. Je décide de tester ma théorie et prends un ton dégoulinant de compassion :

– Oh, mais ne vous inquiétez pas, le déplacement peut se faire en avion pour l'Angleterre, si vous préférez.

– Je n'ai pas de visa.

J'aimerais dire que cette réponse me prouve qu'il ne parle vraiment pas anglais et tente par tous les moyens de trouver une excuse bidon pour se défiler, mais au vu de ses connaissances en matière de libre circulation des personnes au sein de l'Union européenne, je ne peux pas en être sûre.

– Même si le Royaume-Uni n'a pas signé la convention de Schengen, vous n'avez pas besoin de visa pour vous y rendre.

– Mon passeport est malencontreusement périmé.

Cette fois, c'est sûr, il ne parle pas anglais. Pourtant, à l'entendre exiger que je « checke » la délibération, lui « forwarde » un mail ou que je rationalise les

« inputs », j'étais en droit d'espérer qu'il ait quand même quelques notions de la langue de Victoria Beckham.

Je ravale ma réplique assassine. On ne tire pas sur une ambulance. Surtout si ladite ambulance a les deux pneus crevés, plus d'essence et que trois mecs sont en train de se vider de leur sang à l'arrière. Et comme j'ai très envie d'aller à Londres…

— D'accord, je vais y aller.

— Emmène Cyrille Jardin avec toi. Il faut que je remplisse le formulaire pour indiquer que vous me représentez, ajoute-t-il, le visage déformé par l'angoisse.

N'ayant jamais considéré que remplir un formulaire relevait d'une sophistication intellectuelle échevelée, j'ai un peu de mal à voir quel est l'obstacle apparemment insurmontable empêchant Simplet de le faire. Je me risque donc à demander :

— Et cela pose problème parce que… ?

— Coralie m'a dit qu'elle ne savait pas faire, répond-il au désespoir. Et c'est pas une page Word, m'explique-t-il gravement, en tournant l'écran de son PC vers moi afin que je réalise l'ampleur de la tâche.

— Ça ne change rien, il suffit de cliquer sur « Nom » et de taper le nom des personnes qui assisteront à la réunion, soit Cyrille et moi et ainsi de suite.

Simplet commence à entrer les informations à un rythme curieusement lent pour quelqu'un qui a un BlackBerry greffé à la paume de la main gauche.

— Qu'est-ce que je mets comme signature ? me demande-t-il avec une expression que Coconne ne renierait pas.

— Généralement, les personnes qui envoient un mail ont l'habitude de mettre leur nom et leur titre en guise de signature.

Il hoche la tête gravement, commence à taper sa signature et je réalise soudain que sans Alix, Simplet n'est pas méchant. Il est juste terriblement navrant.

Lundi 25 juin

8 h 15

Le ronflement de mon téléphone portable me fait sursauter. À moitié endormie, je l'attrape et prends la communication tout en me demandant qui peut bien m'appeler à cette heure-là.

– Bonjour, mademoiselle Shepard ? interroge une voix enjouée.

– Oui.

– C'est votre taxi.

– Quel taxi ?

– Votre taxi pour l'aéroport. Mme Montaigne a pris la réservation pour vous auprès de notre société.

– Je crains que Mme Montaigne ne se soit trompée de jour. Je pars effectivement à Londres. Mais demain.

– Vous êtes en train de me dire que la nana a réservé le taxi vingt-quatre heures avant ? demande-t-il, la voix teintée d'incrédulité.

– Je suis vraiment désolée.

– Celle-là, on ne me l'avait jamais faite, s'exclame-t-il en éclatant de rire, avant de promettre de repasser demain et de raccrocher.

Comptons sur Coconne pour épater les non-initiés.

Mardi 26 juin

10 h 45 Aéroport Charles-de-Gaulle

J'arrive en courant au point de rendez-vous que j'ai fixé au Bizut. L'aéroport est bondé et je me surprends à chercher trois personnes dont une au trente-sixième dessous disparaissant sous une montagne d'objets aussi incongrus que jugés indispensables à la survie de son fils pour les dix heures qu'il s'apprête à passer dans ce pays hautement hostile qu'est l'Angleterre. Pourtant, dix minutes plus tard, c'est un Bizut seul et étonnamment décontracté qui arrive. Je suis tellement étonnée que je ne peux m'empêcher de demander :

– Tu es tout seul ? Tes parents ne sont pas venus ?

– Avec mon père, on a décidé de ne rien dire à maman, m'explique-t-il. Ce n'est qu'une journée, elle ne le saura même pas. Elle ne pourra pas s'inquiéter.

– Elle t'a laissé partir en Chine, tu devrais lui accorder un peu de crédit. Sans compter que l'Angleterre, ce n'est pas franchement l'Irak…

– Et la vache folle ? Tu penses à la vache folle ? s'insurge-t-il.

Pas particulièrement, non. J'avoue, je n'y pense sans doute pas assez…

– D'une part, et corrige-moi si je me trompe, tu n'es pas une vache, donc tu devrais être épargné par l'ESB[1]. D'autre part, entre les fish and chips, la shepherd's pie et le pudding, nous devrions pouvoir évi-

---

1. L'encéphalopathie spongiforme bovine ou « maladie de la vache folle ».

ter la viande de bœuf si vraiment tu es d'humeur parano.

Il sort son téléphone et commence à le programmer.

– À quelle heure reprenons-nous l'avion ?

– Vingt heures trente et des poussières, il me semble.

– Parfait. Tous les jours, j'appelle mes parents à dix-neuf heures quarante-cinq. Je pourrai passer mon coup de fil juste avant d'embarquer, m'expose-t-il avec le sérieux et la détermination d'un agent secret en mission.

13 h 35

Cyrille et moi entrons dans la salle la plus high-tech dans laquelle il m'ait été donné de suivre une conférence. Fauteuils à oreillettes et à tablette avec repose-pieds, ordinateurs dans tous les coins, éclairages tamisés qui changent de luminosité lorsque l'on passe à proximité et, de manière assez étonnante dans cet univers trekkien, une profusion d'arbustes fruitiers, improbable caution écolo d'une salle surinformatisée.

Pendant que je récupère nos badges, le Bizut, littéralement extatique, se jette sur la télécommande de son siège et appuie frénétiquement sur les boutons jusqu'à ce qu'il découvre la fonction « massage » et s'adonne aux plaisirs de la technologie. Je le rejoins, m'affale à ses côtés et me force à me souvenir que, techniquement, je suis censée être la plus adulte de nous deux, pour ne pas faire la même chose. Je commence à feuilleter le programme et suis soudainement prise d'un doute.

D'un énorme doute, rapidement confirmé lorsque le Bizut, les jambes en l'air et la tête tordue, hausse un sourcil circonspect avant de me demander :

– « Sustainable development », c'est pas « développement durable » ?

– Si…

Il redresse son dossier tout en gardant les jambes allongées et m'indique l'immense écran sur lequel vient de s'afficher le thème de la conférence. « Sustainable development : the UK's Government approach. Presentation of our growing partnership with China ».

Dans une dérive coconnienne, Simplet nous a envoyés à la mauvaise réunion !

18 h 53

Tout est parfaitement calé. La réceptionniste vient de nous réserver un taxi. Nous devrions arriver à l'aéroport d'ici trois quarts d'heure. Nous aurons même le temps de dîner sur place, évitant ainsi l'overdose de cacahuètes aériennes.

Tiens, ma messagerie clignote.

18 h 55

Les Anglais sont officiellement fous de nous. Le Bizut et moi leur avons fait un tel effet qu'ils veulent désormais nous garder. Question imagination, j'avoue qu'outre-Manche ça pèche un peu, en revanche. Nous faire le coup de la panne est d'un classique à pleurer.

Classique, mais efficace : sans avion en bon état de marche, nous sommes effectivement coincés ici.

Je compose le numéro de l'aéroport et explique notre situation à l'hôtesse qui me répond aimablement :

– Vous avez la possibilité de prendre l'Eurostar, puis un TGV et un taxi. Cela vous fera arriver chez vous vers une heure trente. Ou bien vous prenez l'avion de neuf heures cinquante-cinq demain matin et Air France prend en charge votre hébergement à Londres ce soir.

Au moment où je m'apprête à exécuter la danse de la joie en pensant à la soirée londonienne qui nous attend, je réalise que je suis censée assister à une réunion « Chine » le lendemain matin pour annoncer au « groupe de travail » ma passation de pouvoir au Bizut sur le dossier.

Je téléphone à Simplet et lui expose le problème.

– Alix et moi devons brainstormer, je te rappelle, m'informe-t-il gravement avant de raccrocher.

L'heure est grave. Sauf erreur de ma part, le brainstorming nécessite d'en avoir au moins un, de brain. Sans être exagérément ambitieux, il me semble qu'un cerveau pour deux est un minimum requis pour ce genre d'exercice. Avec Alix et Simplet, nous sommes malheureusement loin du compte.

19 h 10

Le chauffeur de taxi arrive. Si Simplet veut que nous rentrions dare-dare en France, nous avons effectivement besoin d'un taxi, ce qui n'est pas le cas s'il décide, au terme de sa séance de brainstorming avec Alix, de nous laisser partir le lendemain matin.

Pas de souci, nous assure le chauffeur, il va fumer une cigarette en attendant que Simplet nous livre le résultat de ses intenses réflexions.

19 h 25

Simplet me re-téléphone pour me faire part du produit de la réflexion de la conjugaison de ces deux puissants cerveaux de la territoriale.

– En fait, nous avons réfléchi, fais comme tu veux.

Effectivement, une telle conclusion nécessitait bien une demi-heure de réflexion.

Cyrille et moi décidons de passer la nuit à Londres et je rejoins le chauffeur du taxi pour lui régler le déplacement et l'attente.

19 h 27

Le chauffeur de taxi me réclame de quoi acheter trois paquets de cigarettes.

Et plusieurs briquets.

19 h 28

Le taxi a à peine tourné le coin de la rue que le Bizut a une épiphanie.

– On aurait peut-être dû lui demander de nous déposer en centre-ville… il n'y a pas grand-chose à faire à la City, en soirée.

19 h 29

Je suggère à Cyrille de courir pour voir s'il peut rattraper le taxi et éviter que nous payions une deuxième réservation.

19 h 30

Cyrille revient, écarlate, au bord de l'évanouissement, avant de s'affaler sur le trottoir.

19 h 33

J'appelle un chauffeur de taxi qui, moins de vingt minutes plus tard, nous dépose en plein centre de Londres.

– Qu'est-ce que tu as envie de faire ?

– Moi, déclare le Bizut, je veux voir la reine.

– Et moi Hugh Grant, donc je propose que nous nous séparions. On se retrouve à l'hôtel de l'aéroport après nos dîners respectifs ?

– Vraiment ?

Quand je songe que je vais l'abandonner aux mains de Simplet et d'Alix durant huit mois, alors qu'il pose encore des questions pareilles…

– Non, vraiment pas. Allez viens, on va tenter une near death experience en testant la nourriture anglaise.

– Ça peut pas être pire que la cantine, rétorque-t-il très justement.

Nous sortons d'un pub en discutant de la façon la plus efficace de réhabiliter la nourriture anglaise finalement très mangeable, lorsque le Bizut se fige, l'air horrifié.

– Oh, non ! Ma mère ! s'exclame-t-il.

– Où ça ?

– Nulle part, j'ai complètement oublié de téléphoner à mes parents. Elle a sans doute prévenu la police...

J'aimerais lui dire qu'il exagère, mais la brève interaction que j'ai eue avec sa mère m'incite à penser qu'effectivement c'est une hypothèse plausible. Je propose :

– Tu peux l'appeler maintenant et dire que tu étais débordé de travail. Explique-lui que Simplet t'a retenu en otage au bureau jusqu'à il y a deux minutes.

Si, afin de la laisser dans la douce illusion que son fils a effectivement une utilité dans notre collectivité, le Bizut n'a pas décrit en détail ses journées à sa mère, ça peut fonctionner.

– Je vais tenter ça, dit le Bizut en prenant son portable. Au pire, je peux te la passer ? s'enquiert-il.

– Ta mère ? Non, c'est bon, j'en ai déjà une. Au pire, on échange, mais je ne cumule pas.

– C'est malin... allô, maman ? Oui... mais non tout va bien, la rassure-t-il avant de prendre une grande inspiration et d'annoncer, sans l'ombre d'une hésitation : j'ai été retenu au bureau, je n'ai pas pu t'appeler. Je sors juste de réunion, tu imagines ! explique-t-il, lancé à vive allure sur la voie du mensonge filio-professionnel avec un aplomb qui m'épate.

302

Tout en sautillant sur place pour me réchauffer, j'observe mon Bizut et constate qu'il a drôlement grandi depuis ce matin de mars où je l'avais trouvé assis à mon bureau. Je suis tout à coup beaucoup moins inquiète à son sujet pour les huit mois qui viennent.

– Notre nouveau boss est extrêmement exigeant, continue-t-il patiemment avant de se tourner vers moi et de lever le pouce en signe de victoire tandis que je me retiens de ricaner trop bruyamment.

Ah… le travail… principe fondateur de la civilisation judéo-chrétienne et pourvoyeur inépuisable de bonnes excuses pour les enfants indignes !

01 h 45

Assise à la fenêtre, j'observe les avions décoller en attendant que le fournisseur d'accès à Internet de l'hôtel me communique des codes d'accès valides.

Je veux partir, je vais partir. La face du monde n'en sera pas changée, la fonction publique territoriale ne s'apercevra sans doute pas de mon absence, l'école ne se construira pas beaucoup plus vite grâce à moi, mais pendant huit mois je me sentirai utile. Conjuguée à la perspective de m'éloigner de l'écosystème de larves cérébrales latrinesques, cette réalisation suffit largement à mon bonheur.

Vendredi 29 juin

8 h 30

Il y a certaines personnes qui sont capables de se lever à la première sonnerie du réveil, de filer sous la douche pendant que l'eau de leur thé vert biologique-équitable chauffe et d'enfiler des vêtements parfaitement repassés avant d'aller prendre le petit déjeuner nutritionnellement idéal recommandé par les publicités télé et les diététiciens. Après avoir lavé et soigneusement rangé la vaisselle, ces personnes attrapent leur manteau et leur attaché-case, et s'en vont d'un pas joyeux et dynamique au travail.

Je ne suis toujours pas l'une d'entre elles.

Je ne le serai probablement jamais.

Pourtant, aujourd'hui, ma lettre de demande de congé sabbatique à la main, je franchis les portes de la mairie, le sourire aux lèvres, et pour la première fois depuis bien longtemps, je suis à l'heure.

Remerciements

Je voudrais tout d'abord remercier mon amie, mon coach préféré, Danielle D., pour m'avoir permis de survivre à la Prep'ENA, pour ses précieux conseils, ses cours de diplomatie, son incroyable gentillesse, son soutien inconditionnel et tant de choses qu'il faudrait probablement un livre bien plus épais que celui-ci pour toutes les énumérer.

Je tiens ensuite à témoigner toute mon affection et ma reconnaissance à celles et ceux sans qui ce livre n'aurait jamais pu être écrit :

Ma mère, qui m'a donné le goût de la lecture et de l'écriture, a repris son stylo rouge afin de corriger les fautes du manuscrit et m'a encouragée à écrire.

Ma tante, qui m'a fait part de ses impressions chaque fois qu'elle lisait ce que j'écrivais, et m'a poussée à persévérer dans cette voie.

Aurore, pour ses longues conversations téléphoniques, son humour, et pour me donner la possibilité d'utiliser cet outil délaissé dans le cadre de mon travail – mon cerveau –, lors de discussions intellectuellement jubilatoires et cathartiques.

Baptiste, pour ses mails santa-barbaresques et pour avoir tenté de m'initier à une vie sociale (« la prochaine fois, je choisis le bar… préviens Romain ! »).

M., ma co-détenue, sans l'humour et le chocolat de laquelle les journées seraient encore plus interminables.

Virginie, que je n'ai pas réussi à dégoûter de la fonction publique territoriale malgré tous mes efforts, preuve incontestable que mon avenir de gourou est sévèrement compromis, je le crains.

Mes amis Jean-Luc, Guylène, Alex et Léa, Sandrine, Nico, Jacqueline et Pierre, François, Jennifer, Simon et Justine.

Mes compagnons de galère à l'école de formation, D., M., G. et F., pour m'avoir permis de supporter tous ces moments de lose intellectuelle auxquels nous avons été confrontés à de trop nombreuses reprises.

Mon ancien professeur de fiscalité, évidemment pour m'avoir appris à calculer avec précision le montant de mes impôts sur le revenu, mais surtout pour ses conseils toujours pertinents, pour m'avoir incitée à me donner à fond à ce que je voulais faire et m'avoir ainsi suggéré de transformer en réalité l'envie inavouée d'écrire un jour un livre.

Je remercie également ClaireMM, Caroline-la-maman-d'Helmut, Céline, Heather-Amélie, Marmaille-Marion, Mimi, Miss Zen, Nine, Odrai, Pauline, Shopgirl-Maud, Showrunner-Cédric, Tobette, Zigmund et tous les autres lecteurs de mon blog, mes amis virtuels, pour leur soutien et leur gentillesse bien réels.

Mention spéciale à Norbert pour ses commentaires pertinents et incroyablement bien vus et ses petits mots réconfortants, Catherine R. pour nos échanges savoureux et réactifs de mails et pour avoir insisté pour que j'écrive ce livre, et Cécile-Altaïr sans laquelle les grands-messes de notre Chère Collectivité n'auraient jamais eu la même saveur, malgré toutes les verrines et les petits-fours abondamment servis.

Mes collègues, qui partagent mon exaspération, mes fous rires et mes pauses-déjeuner.

Mon ancien professeur de finances publiques, pas vraiment pour m'avoir encouragée à intégrer la haute fonction publique, mais plutôt pour m'avoir suggéré de coucher sur papier les anecdotes que je lui rapportais. Quoique, les deux sont liés, donc…

Mon chat, Crapaud, pour me réveiller chaque nuit avec une constance qui force le respect et pour m'empêcher de me rendormir, m'incitant à me traîner jusqu'à l'ordinateur et à y écrire mes indignations quotidiennes.

Toutes les personnes que ma mémoire de poisson rouge – définitivement anéantie par le gavage au Chapus, au Bouvier et à tous ces ouvrages fort malsains que j'ai dû quasiment apprendre par cœur pour en arriver là – m'empêche de citer et qui ne manqueront pas de m'en vouloir à mort.

COMPOSITION : NORD COMPO MULTIMÉDIA
7 RUE DE FIVES - 59650 VILLENEUVE-D'ASCQ

Cet ouvrage a été imprimé en France par
CPI Bussière
à Saint-Amand-Montrond (Cher)
en mars 2011.
N° d'édition : 104406. - N° d'impression : 110126.
Dépôt légal : avril 2011.

Éditions Points

Le catalogue complet de nos collections est sur Le Cercle Points, ainsi que des interviews de vos auteurs préférés, des jeux-concours, des conseils de lecture, des extraits en avant-première…

www.lecerclepoints.com